AI와 기업 경쟁력

AI문고

인공지능 시대입니다. 기계가 인간의 인지를 대신하고, 사물이 인간을 통하지 않고 다른 사물과 직접 커뮤니케이션합니다. 이에 따른 인간 삶과 문명 변화를 정확히 이해·예측·대응하는 것은 이 시대 우리 모두의 과제입니다. AI문고는 인공지능 기술과 환경의 여러 주제를 10가지 키워드로 정리합니다. 관련 개념과 이론, 학계와 산업계의 쟁점, 우리 일상의 변화를 다룹니다. 인간과 기술의 현재, 미래를 세심히 분석합니다.

일러두기

- 인명, 작품명, 저서명, 개념어 등은 한글과 함께 괄호 안에 해당 국가의 원어를 병기했습니다.
- 외래어 표기는 현행 어문규정의 외래어표기법을 따랐습니다. 다만 딥마인드, 딥시크 등은 관행을 따랐습니다.

처음이세요?

전문가세요?

AI와 기업 경쟁력

이용수

대한민국, 서울, 커뮤니케이션북스, 2025

AI와 기업 경쟁력

지은이 이용수
펴낸이 박영률

초판 1쇄 펴낸날 2025년 4월 25일

커뮤니케이션북스(주)
출판 등록 2007년 8월 17일 제313-2007-000166호
02880 서울시 성북구 성북로 5-11
전화(02) 7474 001, 팩스(02) 736 5047
commbooks@commbooks.com
www.commbooks.com

ISBN 979-11-430-0033-0 03500

책값은 뒤표지에 표시되어 있습니다.

차례

AI를 활용한 기업 경쟁력 확보

AI의 새로운 모멘텀

AI는 오래 회자된 단어이면서 가장 뜨거운 단어다. AI는 오랜 기간 발전하며 우리 일상과 업무에 적용되어 왔다. 지금은 당연한 듯한 내비게이션, 스팸 메일 차단, 번역 등에 AI가 숨어 있다. 그러다 2022년 11월 챗지피티(ChatGPT)가 등장했다. 특정한 역할에만 최적화되어 있던 AI가 마치 '인간처럼' 어떤 질문에도 답하는 광경은 놀라움 자체였다. 또 다른 장면을 보자. 2024년 노벨화학상을 구글 딥마인드의 최고경영자와 선임 연구원이 받았다. AI로 생물학의 50년 난제인 단백질 접힘 문제를 해결해 신약 개발에 크게 기여하고 있기 때문이다. AI는 컴퓨터과학에 머물지 않고 의료, 금융, 생물학 등 다른 다양한 학문에 영향을 미치고 있다.

AI의 위력은 산업계에서도 마찬가지다. 한 예로, 클라우드 업체 아마존웹서비스(AWS)는 생성형 AI를 이용해 3만 개의 애플리케이션 코드를 자동 업그레이드했고 기존의 수동 방식에 비해 약 3500억 원의 비용을 절감할 수 있었다(이데일리, 2024). 글로벌 투자은행 제이피모건 체이스(JPMorgan Chase)는 사내 생성형 AI 비서 엘엘엠 슈트(LLM Suite)를 도입해 20만 명의 직원에게 제공하고 있다. AI를 활용해 은행원은 고객 자문을 위한 아이디어를 얻고 여행 상담원은 고객의 여행 일정을 짜서 예약하고 개발자는 코드를 쉽게 개발한다(IDG, 2024). 마이크로소프트 최고경영자 사티아 나델라는 AI가 자전거에서 증기기관으로 진화했다고 비유하고 첫 웹 브라우저가 등장했던 때와 같은 전환기에 와 있다고 말했다(Microsoft, 2023).

나날이 발전하는 AI

2016년 세계경제포럼에서 '4차 산업혁명'을 주창한 이래로 한국은 AI를 위시해 디지털 전환(Digital Transformation)의 물결을 탔다. 필자가 몸 담았던 보험회사도 발 빠르게 동참했다. 데이터 과학자를 영입하고 추진 조직을 꾸리고 챗봇(Chatbot), 로보틱 프로세스 자동화(RPA, Robotic Process Automation), 음성 인식 기술 등을 도입했다. 데이터 기반 의사결정 모델—청약률 예측, 유지율 예측, 사기 예측 등—을 개발해 프로세스 곳곳에 배치했다. 시행착오도 많았지만 소기의 성과를 거뒀다.

그러는 사이에 AI 기술은 발전을 거듭했고 대규모 언어 모델(LLM, Large Language Model)에 이르렀다. 챗지피티와 같은 생성형 AI는 대규모 언어 모델을 근간으로 한다. 기존에는 AI 서비스를 만들기 위해 데이터 준비에서 학습과 적용까지 오랜 시간이 걸렸지만 대규모 언어 모델은 이미 방대한 양의 학습이 되어 있어 이를 활용하면 빠른 시간 내에 신규 서비스 개발이 가능하다.

AI는 챗지피티 데뷔 이후로도 계속 발전하고 있다. 필자는 챗지피티가 나온 초기에 유료 서비스에 가입해서 당시 연구 중이던 주제에 대한 논문을 검색한 적이 있다. 챗지피티가 찾아 준 논문들은 딱 원하던 것들이었다. 신통해서 구글 스칼라(구글의 학술 검색 서비스)에 접속해 확인해 보았으나 해당 논문들이 존재하지 않았다. 2023년 6월에는 뉴욕의 한 변호사가 챗지피티가 찾아 준 판례를 법원에 그대로 제시했다가 사실과 달라 벌금형을 받은 일이 발생했다(≪법률신문≫, 2023). 그러나 챗지피티 이후 나온 다른 AI 검색 엔진인 퍼플렉시티(Perplexity)는 답변의 근거 자료들을 함께 보여 주는 방식을 채택했다. AI가 요약한 답변을 사람이 검증해서 사용할 수 있는 것이다. 또한 검색 증강 생성(RAG, Retrieval-Augmented Generation) 기술은 생성형 AI와 외부의 전문 지식 데이터베이스를 연결해 답변의 정확성을 높인다. 한 예로, 법무법인 대륙아주는 네이버의 대규모 언어 모델 하이퍼클로바X와 변호사들이 작성한 1만 개 이상의 질문/답변을 결합한 법률 Q&A 서비스를 출시했다(이데일리, 2024).

그간의 AI는 정보를 분류하거나 예측하거나 생성해 사람에게 제안하는 선에서 멈추었지만 앞으로는 스스로 행동해 일을 완결하는 단계로 넘어갈 것으로 보인다. 오픈AI가 2025년 1월 선보인 '오퍼레이터(Operator)'는 채팅 창에서 원하는 제품 구입을 요청하면 AI가 이커머스 업체 홈페이지에 가서 버튼을 누르고 글자를 입력하며 구매 결제까지 진행한다(OpenAI, 2025). 그 과정에서 본인 인증은 직접 못 하니 사람에게 요청한다. AI의 가까운 미래를 보여 주는 한 장면이다.

AI 시장 전망

이제 AI는 연구실, 기업 데이터 분석 팀에서 나와 누구나 쉽게 이용하는 기술이 되었다. AI 기술이 상품화되면 더 이상 AI 자체가 문제 되지 않는다. 사무실에서 스프레드시트로 계산하고 그래프를 작성하면서 스프레드시트의 작동 원리를 궁금해하는 사람은 없다. AI로 우리의 일상을, 우리의 사무실을, 우리의 공장을 어떻게 더 좋아지게 만드느냐가 관건이 된다.

생성형 AI 시장이 열리는 시기에는 AI 반도체, 데이터센터, 전력, 대규모 언어 모델과 같이 기반이 되는 분야들에 관심이 몰렸지만 앞으로는 대화형 고객 서비스 같은 AI 애플리케이션 서비스로 초점이 옮겨 갈 것이다. 2024년 말과 2025년 초에 걸쳐 중국의 AI 스타트업 딥시크(DeepSeek)가 선보인 대규모 언어 모델들은 오픈AI의 모델에 맞먹는 성능을 보이면서도 매우 낮은 비용으로 개발되어 천문학적인 머니 게임으로 흐르던 분위기를 바꿔 놓았다.

PC, 인터넷, 모바일이 그랬던 것처럼 신생 기업이 계속 등장할 것이고 산업 전반에서 AI 도입이 활발해질 것이다. 시장 조사업체 마켓앤마켓(MarketsandMarkets)은 전 세계적으로 AI 시장이 2030년까지 연평균 35.7% 성장할 것으로 전망했고(MarketsandMarkets, 2024), 또 다른 시장 조사업체 IDC(International Data Corporation)는 2030년에는 AI가 전 세계 GDP의 3.5%를 차지할 것으로 보고 있다(IDC, 2024). 국내의 AI 시장도 빠르게 성장하는 추세다. 2021년부터 2023년까지 AI 매출액이 연평균 41.9% 상승했다(과학기술정보통신부, 2023).

AI 도입의 어려움

한편 각 기업 입장에서 AI 투자는 쉬운 일이 아니다. 경기 침체기에 기업들은 생존이 급선무다. 전략적 방향을 세우기 전에 디지털 전환이라는 대세를 따라 기술을 도입했던 기업들이 관련 투자를 중단하는 일도 벌어진다. 외부의 AI 기술업체들과 개념 증명(PoC, Proof of Concept)을 반복하며 투자 의사결정을 못 하고 진만 빼는 경우도 부지기수다. 기술이 가능성의 영역에만 머물면 아무 일도 일어나지 않는다.

과거 기술 혁명의 때로 돌아가 보자. PC는 초기에 문서 작업 정도에 사용되다가 바코드를 만나 재고 관리에 근본적인 변화를 일으켰다. 인터넷은 문서 검색 정도로 쓰이다가 매장 방문 없이 물건을 주문하고 돈을 결제하는 상거래 공간이 되었다. 스마트폰은 일정 관리, 카메라 정도의 쓰임이었다가 송금, 결제, 예약, 배달, 교육, 시청 등 일상의 거의 대부분의 활동을 언제 어디서나 해결하는 플랫폼이 되었다. 기업들은 AI의 가능성을 우리 산업에서, 기업에서 어떤 구체적인 결과로 연결시킬 것인지를 깊이 고민해야 한다.

우리 기업이 AI의 가능성을 실현할 수 있다는 확신이 있더라도 이를 조직에 체화하는 과정은 만만치 않다.

2024년 IBM 비즈니스 가치 연구소가 전 세계 경영진을 대상으로 한 설문 조사에서 응답자의 62%는 생성형 AI가 과대광고가 아닌 현실적인 도구가 되었다고 답했고, 77%는 경쟁회사를 따라잡기 위해 생성형 AI를 신속히 도입해야 한다고 답했다. 그러나 세 개 기업 중 한 기업은 AI를 시범 운영하는 단계에 머물렀고 더는 내부에 확산하지 못하고 있었다(IBM, 2024a). 최고경영자들의 61%는 AI에 대한 직원들의 적응이 지연되고 있다고 답했다. 조직이 생성형 AI를 내재화할 기술과 지식을 갖추고 있다고 답변한 최고경영자는 63%에 달했지만, 대부분은 생성형 AI가 직원과 조직 문화에 어떤 영향을 미치는지 알지 못했다(IBM, 2024b). 한국 기업의 경우도 40% 이상이 생성형 AI를 탐색하는 단계에 있고, 실험 단계에 있는 기업이 28%, 실제 업무에 적용해 보는 단계까지 온 기업이 8.5%, 비즈니스 성과가 실현되었다고 한 기업은 2.8% 수준으로 나타났다(한국IDG, 2024).

비즈니스 관점에서의 접근

비즈니스는 복합적인 활동이다. 세상의 변화를 예민하게 읽고, 기업이 나아갈 전략적 방향을 세우고, 전략이 실행될 수 있게 조직 구조를 정비하고 문화를 조성해야 한다. 또한 필요한 인적, 기술적 역량을 확보하고 기업 외부의 조력자 또는 경쟁자와의 관계를 조정해야 한다. 각 요소 간의 유기성을 고려하면 어느 한 요소가 소홀히 다루어져서도 특정 요소만 강조되어서도 안 된다.

이러한 관점에서 마이크로소프트 사례는 새로운 기술이 등장하는 시기에 기업이 어떻게 대응해야 하는지에 대해 중요한 시사점을 준다. PC 시대의 맹주였던 마이크로소프트는 스마트폰 시대에 애플과 구글에 뒤져 고전했다. 기존 사업의 시장 지배력으로 매출은 완만히 유지됐으나 주가는 제자리를 걸었다. 혁신이 사라진 회사에 사람들은 관심을 잃었다. 타개책이 필요했던 당시 최고경영자 스티브 발머는 2010년에 클라우드 시장에 진출한다. 클라우드 시장은 아마존이 이미 선두에 있었다. 클라우드 시장 개척은 쉽지 않았다. 스티브 발머의 의지는 강했지만 조직은 그의 의지를 뒷받침할 준비가 되지 않은 상태였다.

2014년 사티아 나델라가 최고경영자에 부임하면서 반전이 일어난다. 먼저 사티아 나델라는 '클라우드 퍼스트(Cloud First)' 비전을 선언했다. 클라우드 기술에 중점을 두고 있던 클라우드 사업부를 '핵심 서비스 엔지니어링 및 운영(CSEO) 사업부'로 기능을 확대하고 다른 부서들과의 업무 절차를 재정비했다. 사티아 나델라는 조직 문화 혁신에도 나섰다. 그전까지 마이크로소프트는 부서 이기주의가 극심했다. 첫 태블릿을 만들던 때에 오피스 사업부가 자사 태블릿에 오피스 제품을 탑재하는 걸 반대한 일화가 대표적이다. 나델라는 사내 협업을 강조하는 동시에 성과 평가 기준에 협업 성과의 비중을 높였다. CSEO 사업부와 오피스 사업부의 공동 프로젝트로 클라우드 기반의 오피스 제품인 '오피스 365'가 출시되었고 오피스 365는 마이크로소프트가 클라우드 사업의 물꼬를 트는 데에 크게 공헌했다. 사티아 나델라는 기업 외부와의 관계도 재설정했다. 2015년에 '마이크로소프트는 리눅스를 사랑한다'고 발표했다. 회사 입장을 앞세웠다면 클라우드 서비스에 자사의 윈도우 운영체제를 고집했겠지만 리눅스 운영체제를 선호하는 고객들을 끌어들이기 위해 개방 정책을 선택한 것이다. 마이크로소프트는 클라우드 시장에 안착했고 이후로 주가가 가파른 상승 곡선을 그렸다.

기업 경쟁력을 평가하는 다이아몬드 모델

AI는 인터넷, 모바일에 필적하는 또는 그 이상의 변화를 가져올 것으로 기대되고 있다. 엔비디아 최고경영자 젠

슨 황이 주장한 바에 따르면 우리는 'AI의 아이폰 모멘트'에 있다. 그러나 기술에 눌리거나 등 떠밀려 가거나 서두르기만 한다면 AI를 기업의 경쟁력으로 흡수하는 데에 어려움을 겪을 것이다. 마이크로소프트가 클라우드 사업을 통해 다시 부활한 과정에서 배운 바와 같이 기업들은 AI를 복합적인 경영 활동 차원에서 바라보아야 한다.

필자는 하버드 경영대학원 마이클 포터(Michael Porter) 교수의 '다이아몬드 모델'을 적용해 AI를 어떻게 기업 경쟁력으로 흡수할 수 있는지를 고찰하고자 한다. 다이아몬드 모델은 국가, 산업, 기업의 경쟁력을 평가하는 대표적인 모델로서 경영 여건, 생산 조건, 수요 조건, 관련 산업이라는 네 축을 가진다(Porter, 1990). 수요 측면(수요 조건)과 공급 측면(생산 조건), 기업 차원(경영 여건)과 산업 차원(관련 산업)으로 구성되어 균형 있고 종합적인 시각을 제공한다. 기업의 경쟁력에 초점을 맞춰 각 축을 설명하면 다음과 같다.

경영 여건은 기업의 전략, 기업의 구조, 기업 간 경쟁 환경을 의미한다. 기업들은 경쟁 회사와 차별화하기 위한 전략을 수립하고 이를 실행할 조직 구조, 일하는 방식을 셋업한다.

생산 조건은 우수한 공정과 설비, 전문 기술력 등을 의

미한다. 기업은 경쟁력 있는 제품, 서비스를 만들어 내기 위해 필요한 내부 자원, 운영 역량을 확보하거나 창출한다.

수요 조건은 기업의 제품, 서비스를 구입하고 사용하는 고객들의 니즈, 요구 수준을 의미한다. 기업들은 고객이 원하는 것이 무엇인지 파악하고 그에 맞는 가치를 제공한다.

관련 산업은, 기업이 그들이 속한 산업의 형성, 발전에서 영향을 받고 주변 산업으로부터도 영향을 받는다는 걸 의미한다. 기업은 혼자가 아니라 산업, 생태계의 맥락에서 대응해야 한다.

이 책의 구성

AI는 다이아몬드 모델의 네 개 축과 직간접적으로 영향을 주고받는다. 이 책은 AI의 특성이 각 축에 어떤 의미를 가지는지, 어떤 점을 고려해야 각 축의 경쟁력이 높아질 수 있는지를 다양한 사례를 통해 제시한다.

먼저 1장, 2장은 기업의 경영 여건과 관련된다. 1장에서는 기업 전략의 핵심 요소로서 AI를 바라본다. AI를 활용해 전략적 사업 전환에 성공한 사례들을 소개하고 AI를 통한 네트워크 효과의 중요성을 설명한다. 2장은 AI

를 수용하기 위해 조직에 어떤 변화가 필요한지를 다룬다. 최고경영진과 현장의 역할, AI 프로젝트의 인적 구성과 일하는 방식, AI와 직원 간의 협력 방식에 대해 제언한다.

3장, 4장, 5장은 기업의 생산 조건과 관련된다. 3장에서는 AI 시대에 직원들에게 요구되는 핵심적인 업무 역량이 무엇인지를 얘기한다. 틀을 깨고 문제를 정의하는 역량, AI와 상호작용하여 문제를 해결하는 역량에 대해 알아본다. 4장에서는 기업 현장의 운영이 어떻게 혁신되고 있는지 사례를 통해 알아보고 그러한 혁신이 가능하려면 업무 프로세스 전반을 재설계하고 AI와 사람 간의 역할을 명확히 정의해야 함을 강조한다. 5장은 AI의 재료인 데이터에 대해 다룬다. 알고리즘과 컴퓨터 성능이 평준화되면 AI 혁신의 성패는 데이터 역량에서 갈릴 것이다. 기업들에게 필요한 준비 사항이 무엇인지 점검해 본다.

6장, 7장은 기업의 수요 조건을 얘기한다. 6장에서는 AI가 고객의 탐색과 선택을 돕고 고객의 삶이 개선되도록 유도하는 사례들을 소개하고 고객 경험 향상을 위해 어떤 점을 고려해야 하는지 살펴본다. 7장에서는 AI 기술 자체가 상품화되었을 때 진정한 경쟁력은 다시 고객에게서 찾아야 한다는 메시지를 전한다. 고객에게 듣고 고객의 행동을 관찰하고 고객의 전체 여정을 탐색하는 사례와 방법을 알아본다.

8장, 9장은 관련 산업 관점에서 AI의 영향과 기업의 대응에 대해 얘기한다. 8장에서는 모바일 시대처럼 다양한 생태계가 열리는 지금, 기업들이 스스로 생태계를 조성하거나 또는 대응하기 위해 어떤 접근이 필요한지를 오픈AI의 등장과 성장 과정을 통해 살펴본다. 9장은 AI와 디지털 기술이 산업 간 경계를 허무는 과정에서 기업에 다가오는 위협을 감지하고 대응하는 방법에 대해 소개한다.

10장은 글로벌 보험회사 처브(Chubb)의 한국법인 라이나생명이 AI를 활용해 혁신한 사례를 다이아몬드의 네 개 축으로 종합 분석한다. 라이나생명이 경영 여건, 생산 조건, 수요 조건, 관련 산업 각각의 관점에서 어떻게 접근하고 실행하였는지 살펴봄으로써 다른 기업들에 시사점을 제공한다.

참고문헌

과학기술정보통신부(2023.12.29). AI 가장 잘하는 국가로 도약하기 위해 초거대 AI경쟁력 향상.

https://www.msit.go.kr/bbs/view.do?sCode=user&mId=307&mPid=208&bbsSeqNo=94&nttSeqNo=3183907

법률신문(2023.6.25). 미 법원, 챗GPT 사용해 가짜 판례 제시한 변호사에게 '벌금형'.
https://www.lawtimes.co.kr/news/188679

이데일리(2024.8.13). AWS에서 3만개 프로젝트 생성AI로 '코드 변환'했더니...3500억 절감?.
https://www.edaily.co.kr/News/Read?newsId=03230806638986992&mediaCodeNo=257&OutLnkChk=Y

한국IDG(2024.12.9). 『2025 IT 전망보고서』.
https://www.techlibrary.co.kr/techlibrary/354525

IBM(2024a). The ingenuity of generative AI.
https://www.ibm.com/thought-leadership/institute-business-value/en-us/report/scale-generative-ai

IBM(2024b). IBM Study: As CEOs Race Towards Gen AI Adoption, Questions Around Workforce and Culture Persist.
https://newsroom.ibm.com/2024-05-16-IBM-Study-As-CEOs-Race-Towards-Gen-AI-Adoption,-Questions-Around-Workforce-and-Culture-Persisthttps://newsroom.ibm.com/2024-05-16-IBM-Study-As-CEOs-Race-Towards-Gen-AI-Adoption,-Questions-Around-Workforce-and-Culture-Persist

IDC(2024.9.17). IDC: Artificial Intelligence Will Contribute $19.9 Trillion to the Global Economy through 2030 and Drive 3.5% of Global GDP in 2030.
https://www.idc.com/getdoc.jsp?containerId=prUS52600524

IDG(2024.12.4). JPMorgan Chase builds ambitious AI foundation on AWS.

https://www.cio.com/article/3616622/jpmorgan-chase-builds-ambitious-ai-foundation-on-aws.html

Marketandmarkets(2024.5). *Artificial Intelligence(AI) Market.* https://www.marketsandmarkets.com/Market-Reports/artificial-intelligence-market-74851580.html

Microsoft(2023.5.23). Build Satya Nadella Keynote. https://news.microsoft.com/wp-content/uploads/prod/2023/05/KEY01-Build-Satya-Nadella-Keynote.pdf

OpenAI(2025.1.23). Introducing Operator. https://openai.com/index/introducing-operator/

Porter, M.(1990). The Competitive Advantage of Nations. *Harvard Business Review*, March-April 1990. https://hbr.org/1990/03/the-competitive-advantage-of-nations

01
AI, 이제는 기업 전략의 핵심

AI는 기업 전략의 필수 요소가 되었다. 이케아는 AI를 활용한 온라인 전환으로 위기를 기회로 바꿨고, 존 디어는 농기계 회사에서 AI 설루션 기업이 되었으며, 지멘스는 사업을 재편한 후 AI 기술을 접목했다. AI는 특히 네트워크 효과를 통해 기업의 가치를 증폭시키는데, AI 혁신 기업들은 온오프라인을 연결하고 데이터를 축적하며 고객 경험을 개선하는 선순환을 만들어 내고 있다.

AI와 1인 창업?

모든 기업의 활동은 미션과 비전을 세우는 데서 시작한다. 기업은 비전을 달성하기 위한 전략을 세우고 추진해 시장을 개척하고 고객 경험을 향상하고 프로세스를 효율화한다. 기업 전략은 외부 환경을 극복하기 위한 자원과 역량을 구축해 경쟁력을 확보하는 과정으로 설명할 수 있는데, 전략적 관점에서 볼 때 AI의 거센 물결은 외부로부터의 위협이면서 동시에 회사 경영을 혁신해 경쟁 우위를 높일 수 있는 절호의 기회다. 2000년대 인터넷, 2010년대 모바일이 사회 경제적 변혁을 가져왔을 때 많은 기업의 운명이 갈리는 장면을 우리는 이미 목격했다. 그렇다면 AI 시대에 기업 전략 차원에서 주목할 점은 무엇일까?

전략적 사업 전환을 가능하게 하는 AI

글로벌 컨설팅 회사인 보스턴 컨설팅 그룹(BCG, Boston Consulting Group)이 전 세계 1800명 이상의 경영진에게 설문한 결과에 따르면 경영진의 75%가 AI를 2025년 3대 우선 사항으로 선택했다(BCG, 2025). 이처럼 AI에 대한 기대가 높은 이유는 AI가 성과를 증명하고 있기 때문이다(Javaid et al., 2022). AI를 기업 성과의 동력으로 활용하는 측면에서, 구글, 텐센트, 에어비앤비,

네이버와 같은 디지털 네이티브(Digital Native) 기업이 유리한 고지에 있다. 그들은 본질적으로 '데이터 기업'이다. 자사의 온라인 영역에 쌓이는 방대한 데이터를 AI로 분석해 고객을 유치하고 붙들어 두고 소비하게 한다. 데이터와 AI로 강력한 경제적 해자를 구축할 수 있는 여건을 이미 가지고 있다. 전통적인 기업들에는 불리한 게임으로 보인다. 그러나 실망하기는 이르다.

가구를 직접 제작하고 유통하는 이케아는 고객들이 대형 오프라인 매장에 오래 머물고 더 많은 제품을 사게 하는 게 주요 목표였다. 하지만 세계 최대 온라인 쇼핑업체 아마존이 2017년에 가구 브랜드를 내놓고, 웨이페어(WayFair)와 같이 중간 유통 없이 바로 소비자에게 판매하는 온라인 가구업체들이 두각을 보이자 위기감을 느꼈다. 이케아는 외부 환경의 변화에 대응하기 위해 2018년부터 디지털 전환을 추진했다. 2020년 팬데믹이 발발해 전 세계 400개가 넘는 매장이 문을 닫아야 하는 상황이 닥쳤을 때, 13개 지역으로 흩어져 있던 웹사이트를 하나의 클라우드로 모아 데이터를 통합하고 온라인 쇼핑 경험을 높이는 데에 집중했다. 고객은 온라인에서 AI의 추천을 받아 상품을 주문하고 오프라인 매장에서 비대면으로 수령할 수 있었다(IKEA, 2025). 2020년 회계연도에 오프라인 매장 이용자는 직전 연도 대비 줄었지만 온라인 이용자는 같은 기간에 10억 명이 증가해 36억 명에 이르렀다(조선비즈, 2021).

1837년에 설립된 농기계 업체인 존 디어(John Deere)는 AI와는 거의 상관없어 보인다. 존 디어는 1960년대부터 세계 1위 자리를 지켜 왔지만 2014년에 농기계 수요 감소로 구조조정을 겪고 디지털 기업으로의 여정에 나섰다. 존 디어는 그들이 수집하는 데이터와 AI를 이용해 '농사를 더 잘 짓게 도와주는 설루션'을 판매하는 회사로 변신했다. 농기계에 부착된 센서에서 수집된 데이터와 수집 당시의 기후 정보, 토양 정보 등을 AI로 종합 분석해서 농기계를 어떻게 운영해야 수확량이 높아지는지, 언제 어디에 작물을 심으면 좋은지와 같은 정보를 고객들에게 제공한다. 2022년에는 세계 최대 가전/IT 전시회인 CES(Consumer Electronics Show)에서 최초의 완전 자율 주행 트랙터를 선보여 최고 혁신상을 수상하기에 이르렀다(John Deere, 2022). 이 트랙터는 1800만 개의 이미지 데이터를 학습해 개발되었다.

4차 산업혁명의 패러다임 전환을 목격한 유럽의 엔지니어링 기업 지멘스는 기술을 먼저 채택하지 않고 비즈니스의 미래가 어떻게 변할지에 초점을 두었다. 기존의 아홉 개 사업을 분석해 디지털화의 잠재력이 크고 내부의 강점을 활용할 수 있는 제조, 헬스케어, 에너지의 세 개 사업으로 축소했고, 각 사업에 적합한 디지털 지향점을 찾았다. 제조 분야는 디지털 트윈에, 헬스케어 분야는 개인화를 통한 예방 의료에, 에너지 분야는 탈탄소 중심의 지능형 에너지 인프라에 집중하기로 결정한 것이다. 방향을 명확히 잡은 다음, 130억 유로를 들여 AI 및 디지털 기술 회사들을 인수해 디지털 전환 속도를 높였다(김윤진, 2024).

이케아, 존 디어와 지멘스는 AI와 디지털 기술을 이용해 기업의 전략 방향을 재설정하고 새로운 핵심 기능을 만들어 낸 대표적인 사례다. 그러나 많은 기업이 AI를 핵심 기능이나 제품/서비스 창출이 아닌 소규모의 생산성 향상 과제에 활용하고 있고, 너무 많은 과제를 추진하면서 오히려 노력을 분산시키고 있다(BCG, 2025). 기술을 다양하게 시험하고 검증하는 과정은 필요하지만 기업들은 전략적 방향을 고민하고 기업의 체질을 혁신하는 차원에서 AI에 역할을 부여해야 한다.

AI의 네트워크 효과

인터넷, 모바일의 본질적 특성은 '연결'이다. 인터넷이 거리의 제약을 없앴고 모바일이 장소의 제약을 없앴다. 사람들은 언제 어디서나 인터넷에 접속해서 소통하고 공유한다. 원하는 제품을 스마트폰으로 검색해 다른 사람의 구매 후기와 최저가 제공 업체를 확인한 후에 이커머스 사이트에 들어가 주문한다.

아이폰이 출시되며 촉발된 모바일 시대에 빠르게 대응해 시장에서 좋은 반응을 얻은 기업들은 더 많은 사용자, 더 많은 제휴 업체와 연결되어 트래픽이 늘었다. 트래픽이 늘자 외부 자금이 유입되고 기업 가치가 커져 투자를 더 할 수 있었다. 투자를 통해 고객 경험이 향상되니 트래픽은 더 늘었다. 이렇게 증가한 고객 기반을 토대로 다른 사업으로 확장했다. 이와 같은 선순환을 네트워크 효과라고 한다.

특히 생성형 AI로 인해 형성되는 신경제(新經濟)는 모바일 앱 경제와 유사한 양상으로 전개되고 있다. 2022년 11월 오픈AI가 최초의 생성형 AI 챗봇인 챗지피티를 출시한 이후 생성형 AI에 기반한 다양한 서비스가 전 세계에서 쏟아졌다. 2024년 초에는 오픈AI가 AI 서비스를 거래할 수 있는 지피티 스토어(GPT Store)를 열었다. 한 통계에 따르면, 2024년 4월 기준 15만 9000개의 AI 서비스가 지피티 스토어에 활성화되어 있다(SEO.AI, 2024). 스마트폰이 그랬듯이 생성형 AI는 새로운 경제로 가는 문을 열고 있다. 신선한 아이디어와 편의성을 갖춘 AI 서비스를 선보이는 업체들은 네트워크 효과의 혜택을 얻을 것이다.

이미 네트워크 효과를 누리고 있는 기존의 디지털 플랫폼들도 빠르게 대응하고 있다. 한국의 대표적 플랫폼 기업인 네이버, 카카오는 그들의 모든 사업 분야에 AI를 접목해 고객 경험을 개선하고 있다. 디지털, 데이터, AI 상호 간의 플라이휠(Flywheel)을 고려할 때 네트워크 효과는 가속되고 그들의 생태계는 더욱 공고해질 가능성이 높다.

그렇다고 네트워크 효과가 디지털 기반의 기업에만 해당하지는 않는다. 전통적 제약회사를 상정해 보자. 치매 신약을 출시했을 때 의사, 병원과 같은 기존 채널에만 의존하지 않고 환자가 직접 사용할 수 있는 앱을 만들어 환자에게 설문하거나, 사물인터넷 기기로 측정해 환자에 대한 데이터를 수집하고 AI로 분석함으로써 환자에게 맞는 질병 관리 가이드를 제공할 수 있다. 앱에 쌓인 데이터를 환자의 동의하에 약국, 보험회사, 의사에게 제공하고 각종 서비스를 연계할 수 있다. 환자들은 앱상의 커뮤니티에서 서로 의지하고 경험을 교환할 것이다. 환자들의 경험 데이터는 제약회사가 약의 효능을 개선하는 데 활용될 수 있다(Iansiti & Lakhani, 2020).

실제로 전통적 건설회사인 삼성물산 건설 부문의 경우, 2023년에 주거용 플랫폼인 홈닉(Homeniq) 앱을 출시해서 입주민의 아파트 거주 경험을 높이고 있다. 앱에서 관리비 납부, 주차 관리, 수리 신청, 에너지 사용량 확인 등이 가능하고 커뮤니티 활동을 할 수 있다. 이렇듯 물리적 세상과 가상 세계를 연결해 고객 경험을 높이고 활동 데이터를 축적해 주거 서비스를 개선하며 향후 건축 설계와 시공에도 활용할 수 있을 것이다.

네트워크 효과는 인터넷, 모바일 시대에 이어 AI 시대에 심화되고 있다. 데이터를 기반으로 진화하는 AI의 특성을 고려할 때 네트워크에 올라탄 기업과 아닌 기업 간의 격차는 만회하기 어려워질지 모른다. 디지털 기반을 갖추지 못한 기업들은 그들의 업의 개념에서 오프라인과 온라인을 연결하는 기회 요소를 찾아 전략적 옵션에 올려놓아야 한다.

참고문헌

김윤진(2024). AI 기반 혁신의 축은 기술보다 리더십. ≪동아비즈니스리뷰≫, 404.

조선비즈(2021.3.25). [2021 유통포럼] 고메스 이케아 디지털 이사 “옴니채널 시대…핵심은 데이터”. https://cbiz.chosun.com/svc/bulletin/bulletin_art.html?contid=2021032502395

BCG(2025.1.15). From Potential to Profit: Closing the AI Impact Gap. https://www.bcg.com/publications/2025/closing-the-ai-impact-gap

Iansiti, M. & Lakhani, K.(2020). *Competing in the Age of AI: Strategy and Leadership When Algorithms and Networks Run the World*. Harvard Business Review Press. 홍석윤 옮김(2020). 『온택트 경영학』. 비즈니스랩.

IKEA(2025). Click & Collect. https://www.ikea.com/us/en/customer-service/services/product-reservation/

Javaid, M., et al.(2022). Artificial intelligence applications for industry 4.0: A literature-based study. *Journal of industrial integration and management*, 7(01), 83-111.

John Deere(2022.1.4). John Deere Reveals Fully Autonomous Tractor at CES 2022. https://www.deere.com/en/our-company/digital-security/autonomous-tractor-reveal/

SEO.AI(2024.4.24). GPT Store Statistics & Facts: Contains 159.000 of the 3 million created GPTs. https://seo.ai/blog/gpt-store-statistics-facts

02
AI 수용을 위한 조직 변화

AI가 기업에 제대로 뿌리내리려면 조직 구조와 일하는 방식의 변화가 필요하다. 최고경영진은 전략을 주도하되 현장의 참여를 이끌어 내야 한다. 비즈니스와 기술 전문가가 서로 이해하고 협력하는 문화를 조성해야 하며, 당장 재무 성과가 나지 않더라도 트래픽 증가와 같은 중간 성과를 인정하고 반복적으로 시장에서 검증해야 한다. 또한 조직의 성과를 높이려면 AI와 직원 간에 강점은 살리고 약점은 보완하는 협력 관계를 설정하는 것이 중요하다.

AI와 MBTI?

AI가 생산성을 높이고 고객 가치를 향상하며 시장을 확장하는 동력이라는 사실은 자명해 보인다. 그러나 AI 도입이 단지 전담 조직의 책임에 한정되거나 기술 프로젝트로만 취급되고 조직 구성원에게 거부당한다면 제대로 성과를 내기는 힘들다. 최고경영진은 AI를 활용하는 전략적 목표와 현장 사이에서 발생할 수 있는 격차를 해소하기 위해 기업의 조직 구조와 일하는 방식을 조정해야 한다.

AI 혁신을 위한 역할과 책임

유럽의 엔지니어링 기업 지멘스는 AI 기반의 혁신을 성공적으로 추진하기 위해 조직 내 역할과 책임을 어떻게 구성해야 하는지를 잘 보여 주는 사례다. 지멘스는 사업 영역을 기존 아홉 개에서 세 개로 재편하고 기술 리더에게 디지털 전환을 맡겼다. 일부 성과가 나기는 했지만 사업 전반의 변화는 더디었다. 권한과 책임의 범위에서 한계가 발생한 것이다. 실수를 깨달은 지멘스는 디지털 전환을 최고경영진의 책임으로 재설정했다. 최고경영진 레벨에서 기술 투자 영역과 AI 과제의 우선순위를 결정했다. 예를 들어 기존에 기술 역량을 갖추지 못한 소프트웨어 분야는 관련 업체를 인수했고 비핵심 역량인 클라우드 인프라와 대규모 언어 모델은 아웃소싱했다. 대신에 고유한 사업 분야의 기계/설비 데이터를 통합하는 대규모 지식 모델(LKM, Large Knowledge Model)은 자체적으로 구축했다(김윤진, 2024).

지멘스는 전략 수립뿐 아니라 '실행'도 중앙에 집중했지만 제대로 작동하지 않는다는 것을 곧 알았다. AI를 도입하던 초기인 2015년에 속도를 내기 위해 200명의 데이터 과학자를 한곳에 배치했지만 오히려 성과가 미진했다. 현장의 세부적인 상황을 제대로 파악할 수 없어서였다. 지멘스는 데이터 과학자들이 현장 엔지니어들과 함께 일하도록 그들 가까이에 재배치했다. 그러자 뚜렷한 변화가 나타났다. 한 예로, 열차에서 문제가 발생하기 10일 전에 해당 문제를 97%의 확률로 진단하는 AI 모델이 개발되었다(≪매일경제≫, 2024).

AI · 디지털 전환은 기술 조직이 아닌 최고경영진의 책임이다. 사업을 혁신하는 과정이기 때문이다. 다만 현장에 답이 있다는 사실 또한 기억해야 한다. 현장 실무자가 참여하는 환경을 공식적으로 조성할 때 보텀업(Bottom-up)의 혁신이 일어날 수 있다.

AI 프로젝트 팀의 일하는 방식

전사적 자원 관리(ERP, Enterprise Resource Planning)와 같은 전산화 프로젝트는 정형화된 업무에 이미 검증된 기술을 적용하는 방식이다. 따라서 비즈니스 부서의 역할과 기술 부서의 역할이 비교적 나눠진다. 그러나 AI와 디지털 기술은 그 자체가 비즈니스 기회를 창출하는 속성을 가진다. 예를 들어 핀테크, 소셜미디어, 이커머스 등의 비즈니스가 탄생하고 성장한 배경에는 AI와 디지털 기술이 자리하고 있다. 또한 AI는 알고리즘이 지속적으로 발전하고 있고 데이터를 학습해 진화하는 속성을 지녔다. 즉 과거 전산화와 달리 디지털 전환은 기술과 비기술의 경계가 모호하다. 비즈니스 부서나 기술 부서 어느 한쪽의 힘으로 달성하기 어렵다.

지멘스가 열차의 문제를 사전 진단하는 AI 모델을 개발한 사례는 비즈니스 전문가와 기술 전문가가 서로의 지식을 융합해야 실제 성과로 이어진다는 것을 보여 준다. 지금 풀고 싶은 문제는 무엇인지, 기술적 해결 방법이 있는지, 기술적인 제약이 있다면 워크플로(Workflow) 조정과 같은 대안이 있는지를 찾아가는 방식이다. 실제로 AI를 활용해 높은 성과를 창출한 기업들은 다른 기업에 비해 비즈니스 전문가와 AI 전문가가 함께 비즈니스 문제를 해결하는 비율이 거의 세 배 높게 나타났다 (Mckinsey, 2018).

AI 프로젝트 팀이 결과물을 만들어 내는 구체적인 과정은 좀 더 복잡하다. 고객이 무엇을 어떻게 경험하게 할지 정의한 후 규제와 보안 요소를 살피고 데이터의 특성을 고려해 AI 알고리즘을 설계하고 반복 학습시켜야 한다. 다양한 관점은 자칫 갈등을 낳을 수 있다. 예를 들어, AI 마케터를 구현한다면 영업 기획자는 고객과의 대화 콘텐츠를 흥미롭게 구성하려 하고 규제 담당자는 잘못되거나 불쾌한 안내를 방지하려 하며 기술 전문가는 알고리즘의 기술적 정확도를 우선할 수 있다. 따라서 AI 프로젝트의 복합적 특성을 고려할 때 기존의 전산화 프로젝트에 비해 다양한 관점을 이해하고 전체적인 시너지를 끌어내는 프로젝트 관리자의 역할이 더욱 중요하다.

AI 프로젝트 팀이 마주치는 또 하나의 난관은 성과를 어떻게 증명하느냐는 것이다. 기계, 설비나 소프트웨어 기성품은 필요에 따라 어느 정도 커스터마이징을 거치면 바로 성과를 낸다. 그러나 AI는 학습하여 진화하므로 특정 시점에 완성되었다고 잘라 말하기 어렵다. 반면에 재무 팀은 투자 승인을 위해 예상 투자 수익률(ROI)을 요구한다. 증명한 후에 시작하려면 시작은 불가능하다.

이러한 딜레마를 해소하려면, 재무 수치와 같은 결과 지표만이 아니라 AI 역량 축적, 트래픽 증가와 같은 과정 지표를 감안할 필요가 있다. 그렇다고 투자금을 무한정 투입할 수는 없다. AI 프로젝트 팀은 핵심 가설을 세우고 검증해 확장성을 보여 줘야 한다. 최소 기능 제품(MVP, Minimal Viable Product)으로 시장 반응을 반복적으로 테스트하는 등의 애자일(Agile) 방식이 요구되는 지점이다. 또한 모든 문제를 AI로 해결하려는 접근은 위험하다. AI를 적용하는 업무 범위나 규모가 너무 작다면 비용 대비 효과에 한계가 발생한다. 오히려 기존의 전통적인 기술을 사용하거나 사람을 고용하는 것이 나을 수 있다.

AI 직원과 사람 직원이 함께 일하는 방식

생성형 AI의 등장으로 AI는 전문가들만 다루던 도구에서 일반 사람들이 언제든 쉽게 사용할 수 있는 도구로 바뀌었다. 마이크로소프트와 링크드인의 발표에 따르면 직장인의 75%는 업무에 AI를 활용하고 있다. AI 사용자들은 AI가 자료 조사, 회의 요약, 문서 작성, 번역 등을 1차적으로 해 주니 시간을 아낄 수 있다고 답했다. 이들 중 78%는 회사의 지원을 기다리지 않고 자신의 AI 도구를 회사 업무에 이용했다(Microsoft & LinkedIn, 2024).

AI가 개인 비서 역할을 톡톡히 하는 셈이다.

기업들은 AI가 직원 개인을 보조하는 수단에 머물기를 바라지 않는다. AI를 회사 본연의 업무 프로세스에 투입해 조직 전체의 생산성을 높이려 한다. 그러나 AI가 회의록 작성 시간을 줄여 주는 것과 나의 직무를 대신 수행하는 것은 본질적으로 다른 이야기다. AI 직원과 사람 직원이 윈윈(win-win)하는 바람직한 모습은 어떤 것일까?

글로벌 투자은행 모건스탠리가 개발한 AI 투자 추천 시스템인 넥스트 베스트 액션(NBA, Next Best Action)은 고객의 선호도를 고려해 투자 아이디어, 주의 사항 들을 약 20개 뽑아서 재무 컨설컨트에게 제공한다. 그중에서 고객에게 보낼 콘텐츠를 결정하는 권한은 재무 컨설턴트에게 있다. 재무 컨설턴트는 투자 아이디어를 검색하던 시간을 아껴 고객과 더 자주 만나고 이야기를 듣는다. 추가로 알게 된 고객 정보를 NBA에 입력하면 NBA는 더 개인화된 투자 아이디어를 찾아 준다(Forbes, 2020).

글로벌 보험회사 처브의 한국법인 라이나생명은 텔레마케터가 고객과 통화하면서 잘못 안내한 사항이 있는지를 자동으로 평가하는 AI 시스템을 구축했다. 그러나 AI의 평가 결과를 텔레마케터가 바로 수용하기는 어려웠다. AI는 텔레마케터가 단어 한두 개만 잘못 말해도 지적하고, 고객이 내용을 이해하는 데에 지장이 없어도 약관 문구를 그대로 읽지 않으면 지적했다. 텔레마케터는 납득이 안 되는 벌점을 받으니 민감할 수밖에 없었다. 라이나생명은 AI의 한계를 인정하고 AI와 사람이 협업하는 프로세스를 만들었다. AI가 1차 판단한 결과를 평가자가 화면에서 확인하며 최종 판단하게 했다. 텔레마케터의 불만은 사그라들었고 평가 생산성은 높아져 법에서 정한 필수 평가 비율보다 더 많은 통화 녹음을 평가할 수 있었다. 결과적으로 고객이 잘못 이해한 상태로 보험 상품에 가입할 위험이 감소했다. 또한 AI가 1차 판단한 결과를 토대로 통계 보고서를 만들어 텔레마케터에게 제공했다. 벌점을 주기보다는 텔레마케터가 본인의 취약한 부분—상품 지식, 소비자 보호 내용 등—을 인지하고 관련 교육을 이수하게 했다(이용수 · 임효숙, 2024).

모건스탠리와 라이나생명의 사례에서 보듯 AI와 사람 간의 역할 배분이 잘 이루어지면 직원들은 AI가 내 일을 침범한다고 느끼지 않아 AI를 받아들이기 쉽고 조직의 성과도 올라간다. 한편 AI가 판단 결과에 따라 스스로 행동까지 하는 'AI 에이전트'가 등장해 우려가 제기되고 있는 것은 사실이다. 하지만 AI 에이전트도 사람이 피드백을 줘야 똑똑해진다. AI가 계속 발전하더라도 AI와 사람이 서로의 강점은 높이고 약점은 보완하는 방식으로 공생하고 협력하는 현명한 역할 모델을 설정해야 할 것이다.

참고문헌

김윤진(2024). AI 기반 혁신의 축은 기술보다 리더십. ≪동아비즈니스리뷰≫, 404.

매일경제(2024.9.18.). "AI·디지털 전환 성공하려면 탈중앙화 필요". https://www.mk.co.kr/news/business/11119045

이용수·임효숙(2024). 인슈어테크를 활용한 전통적 보험회사의 혁신 전략 : 라이나생명 사례를 중심으로. ≪지능정보연구≫, 30(2), 287~312.

Forbes(2020.5.16). The Future Of Work Now: Morgan Stanley's Financial Advisors And The Next Best Action System. https://www.forbes.com/sites/tomdavenport/2020/05/16/the-future-of-work-now-morgan-stanleys-financial-advisors-and-the-next-best-offer-system/

Mckinsey(2018.11.19). Rebooting analytics leadership: Time to move beyond the math. https://www.mckinsey.com/capabilities/quantumblack/our-insights/rebooting-analytics-leadership-time-to-move-beyond-the-math

Microsoft & LinkedIn(2024.5.8). Microsoft and LinkedIn release the 2024 Work Trend Index on the state of AI at work. https://blogs.microsoft.com/blog/2024/05/08/microsoft-and-linkedin-release-the-2024-work-trend-index-on-the-state-of-ai-at-work/

03
AI 시대의 핵심 업무 역량

AI가 업무 생산성을 크게 높이는 시대가 왔지만, AI가 직무의 본질적 가치를 대체하지는 못한다. AI 시대에 성공적으로 업무를 수행하기 위해서는 두 가지 핵심 역량이 필요하다. 첫째는 기존 틀을 벗어나 새롭게 문제를 정의하고 질문하는 역량이고, 둘째는 AI와 효과적으로 상호작용하여 문제를 해결하는 역량이다. 이런 역량들을 갖추려면 자신의 분야에 대한 전문성과 AI에 대한 이해가 필요하다.

AI와 난임 극복?

인터넷 초기에는 도스(Dos) 창에서 텔넷(Telnet) 명령어를 입력해야 하는 등 인터넷 사용이 번거로웠다. 웹 브라우저가 나오자 양상이 완전히 바뀌었다. 인터넷은 일상의 도구가 되었다. AI도 비슷한 행보를 보인다. 생성형 AI가 등장해 누구나 평소 쓰는 언어로 AI와 대화하며 원하는 정보를 얻을 수 있다. 기업의 직원들은 보고서를 위한 자료를 찾아 정리하고 아이디어를 발전시키는 일을 생성형 AI를 통해 수월하게 해낼 수 있다. 하버드 비즈니스 스쿨이 보스턴 컨설팅 그룹의 컨설턴트들을 대상으로 한 연구에서, 컨설턴트들은 생성형 AI를 사용했을 때 일을 12.2% 더 많이, 25.1% 더 빠르게, 40% 더 높은 품질로 수행했다(Dell'Acqua et al., 2023).

생성형 AI가 생산성에 큰 도움이 되자 기업들은 AI를 업무에 활용할 수 있는 환경을 적극적으로 조성하고 있다. 글로벌 엔터프라이즈 소프트웨어 기업 SAP는 다양한 AI 도구를 내부 직원에게 제공했더니 고객/산업/시장조사의 생산성이 40~50%, 콘텐츠 제작/전달의 생산성이 20~30% 증가했다고 밝혔다(IDG, 2024a). 미국의 앨리 파이낸셜(Ally Financial)은 생성형 AI 사용으로 마케팅 팀의 캠페인 콘텐츠 제작 기간이 최대 3주가 단축되었다고 한다(IDG, 2024b).

앞으로도 AI가 업무 생산성을 크게 높일 것으로 예상되지만, 유념할 점이 있다. 정형적이고 반복적인 일을 AI가 대신 처리하더라도 직무 고유의 본질적 가치를 AI가 책임지지는 않는다는 점이다. 예를 들어 인사 팀의 채용 담당자는 이력서를 1차 검토하고 지원자와 면접 약속 잡는 일을 AI에게 요청할 수 있다. 하지만 지원자가 우리 조직 문화에 적합한 사람인지 확인하는 것은 담당자의 몫이다. 역으로 말하면, AI가 시간 소모성 일을 대신할수록 기업 구성원들은 일의 본질적인 측면에 더욱 집중하고 성과를 내도록 요구받을 것이다.

이러한 변화는 두려움으로 다가올 수 있다. 그러나 과거에도 기술은 기업과 조직에 변화를 가져왔다. 인트라넷은 사내 정보 공유를 활성화했고 화상 회의와 협업 툴은 원격 근무를 가능하게 했으며 전사적 자원 관리는 기업 운영 상황이 더 투명하게 보고되도록 촉진했다. 기업 구성원들은 AI 시대에 맞는 역량과 역할을 찾아야 하고 기업은 이를 도와야 한다.

문제를 정의하고 질문하는 역량

생성형 AI는 앞의 단어에 확률적으로 가장 어울리는 단어를 찾아 답변을 이어 가기 때문에 종종 잘못된 정보를 주기도 한다. 오픈AI가 2024년 12월에 공개한 'o3' 모델은 스스로 답변을 검증하는 단계를 추가했다. 답변 능력은 계속 좋아지고 있다. 하지만 AI는 인간이 남긴 기록을 학습하고 추론하므로 세상에 발생하지 않았던 일을 상상하지는 못한다.

테슬라와 스페이스X의 최고경영자 일론 머스크는 우주 로켓 시장을 개척하면서 질문을 던졌다. '로켓을 재활용할 수는 없을까?' 그때까지 로켓은 일회성 소모품이었다. 엔지니어들은 난색을 표했지만 결국 로켓을 재활용하는 기술을 개발해 냈다. 덕분에 우주선 발사 비용이 17분의 1로 줄었고 스페이스X는 이 시장을 장악하고 있다. 인류의 도약은 과거를 답습하는 확률 게임을 극복했을 때 이뤄졌다.

문제 정의와 질문이야말로 인간 고유의 영역이다. AI 분야에서 선두 주자인 구글은 인재를 채용할 때 '비행기 안에 탁구공을 가득 채운다면 몇 개의 탁구공이 들어갈까?'와 같은 질문을 후보자에게 던진다. 면접관들도 답을 알지 못한다. 어떻게 문제를 정의하고 푸는지를 보는 것이다. 중국의 AI 스타트업 딥시크가 2025년 1월 공개한 AI 모델 'R1'이 생성형 AI의 선두 주자인 오픈AI의 'o1'을 일부 성능에서 추월했다. 딥시크가 그보다 앞서 공개한 AI 모델 'V3'의 학습 비용은 557만 6000달러로 매우 낮은 수준이다(HPC wire, 2025). 총 개발 비용이 정확히 알려지지는 않았지만 타사와는 다른 접근 방식을 채택해 저비용 고효율을 실현한 것은 분명해 보인다. 천문학적인 돈을 들여야만 앞서 갈 수 있다는 기존의 인식을 깬 사건이다. 이러한 결과는 문제를 근본적으로 다시 바라보았기 때문에 가능하다.

기업 현장으로 들어가 보면, 비즈니스 운영에서 발생하던 기존의 문제들이 AI로 해결되고 있다. 수요를 정확히 예측하고 오류 위험을 미리 발견하고 보험 사기를 탐지한다. 그러나 기업들은 현재의 사업을 건실하게 영위하는 데에 머물지 않는다. 지속 가능한 생존을 위해서는 새로운 사업을 구상하고 개척해 나가야 한다. 그 힘은 미래에 시선을 두고 문제를 새로 정의하는 데서 온다. 넷플릭스 창업자들은 인터넷이 막 도입되던 때에 사람들이 앞으로는 인터넷에서 영화를 감상할 것이라 예감했다. 회사명에 '넷(Net)'을 붙인 연유다. 1997년 창업 당시는 전화선으로 인터넷을 사용하던 터라 대용량 데이터를 처리할 수 없어 DVD를 우편으로 대여하는 사업에서 출발했지만 네트워크 기술은 비약적으로 발전했고 2007년에 비로소 온라인 스트리밍 서비스를 시작할 수 있었다.

AI 기술이 발전하면서 영화 추천은 더욱 정교해졌다. 사람이 문제를 정의하면 기술은 해결책을 제시한다.

문제를 발견하고 정의하려면 고정관념에 묶이지 않는 창의성이 필요하다. 생성형 AI가 그림을 그리고 영상을 만든다고 창의적인 것은 아니다. 사람이 프롬프트로 지시하면 충실히 따를 뿐이다. 창의성은 전혀 관련 없어 보이는 것들을 연결하는 능력이다. 아모레퍼시픽이 2008년 세계 최초로 개발한 에어쿠션은 선크림, 메이크업 베이스, 파운데이션을 하나의 케이스에 담았다. 스펀지로 찍어 얼굴에 가볍게 두드리는 방식으로 쉽게 화장을 하거나 수정할 수 있다. 손에 화장품이 묻지 않고 휴대도 간편하다. 화장 경험을 획기적으로 바꿔 아모레퍼시픽은 큰 매출을 올렸고 자존심 강한 글로벌 화장품 회사들이 유사 제품을 만들어 출시하는 일이 벌어졌다. 에어쿠션을 구상한 아이디어는 주차 도장에서 나왔다. 화장품 연구원이 주차 도장이 균일하게 찍히고 액체가 흘러내리지 않는 것을 보고 힌트를 얻었다. 피부 화장품에 대한 문제가 재정의되는 순간이었다.

AI와 상호작용하여 문제를 해결하는 역량

많은 재무 담당자들은 회계 마감과 결산에 많은 시간을

쓴다. 회계 시스템의 상당 부분이 전산화되었지만 데이터를 확인하거나 수기 조정을 하는 노력이 들어간다. 재무 담당자들은 기본적인 업무 처리에 지쳐 경영 지표를 분석하는 등의 본질적 업무에 집중할 여력이 부족하다고 호소한다. AI는 이러한 딜레마를 해소할 기회를 준다. 예를 들어 AI는 예시 전표를 추천하고 오류를 실시간으로 알려 주며 예상 세액을 산출하고 경영상의 위험도를 평가할 수 있다.

다만 재무 담당자가 어떤 문제를 해결하려는지 AI에게 제대로 지시해야 하고 AI가 내놓은 결과를 최종 판단할 수 있어야 실제 효과를 볼 수 있다. AI가 오피스 프로그램인 엑셀처럼 누구나 사용하는 도구가 되면 AI의 능력 자체가 아니라 인간이 AI와 상호작용하는 역량이 관건이 된다.

AI에게 지시를 잘하고 AI의 결과물을 잘 활용하려면 자기 분야에 대한 전문성과 AI에 대한 이해력이 전제되어야 한다. 생성형 AI는 기초적인 질문에는 기초적인 답변을 제공하지만 배경과 맥락이 있는 구체적인 질문에는 높은 품질의 답변을 구성한다. 또한 내가 전문성이 있어야 AI가 내놓은 답변을 검증할 수 있다. AI는 학습한 만큼 안다. 의심되는 부분에 대해 AI에게 피드백을 주면

AI는 추가 학습을 하고 사람은 더 나은 답변을 얻는다. 회계 AI의 경우, AI가 제시한 경영 지표 분석 결과가 현실을 반영하지 못한다고 판단되면 모델의 조정값을 바꾸거나 새로운 데이터를 학습하는 식이다.

AI와 원활하게 상호작용하려면 AI의 개념, 작동 방식, 데이터 소스, 사용 방법, 한계점을 알아야 하지만 기업에서 AI에 대한 교육이 충분하지는 않은 상황이다. 25% 이상의 직원에게 AI 교육을 실시한 기업은 전체 기업 중 33%가 되지 않았다(BCG, 2025). AI에 대한 이해가 부족하면 막연한 두려움이 생기기 마련이다. 직원들이 AI에 잘 적응하고 자신의 업무에 활용하도록 돕는 기업 차원의 활동이 절실히 필요하다.

참고문헌

BCG(2025.1.15). From Potential to Profit: Closing the AI Impact Gap. https://www.bcg.com/publications/2025/closing-the-ai-impact-gap

Dell'Acqua, F., et al.(2023). Navigating the jagged technological frontier: Field experimental evidence of the effects of AI on knowledge worker productivity and quality. *Harvard business school technology & operations mgt. unit working paper,* (24-013).

HPC wire(2025). DeepSeek R1 Stuns the AI World.
https://www.hpcwire.com/2025/01/27/deepseek-r1-stuns-the-ai-world/

IDG(2024a). 3 areas where gen AI improves productivity-until its limits are exceeded.
https://www.cio.com/article/1312721/3-areas-where-gen-ai-improves-productivity-until-its-limits-are-exceeded.html

IDG(2024b). Ally Financial finds gen AI success with 3 guiding principles.
https://www.cio.com/article/3616504/ally-financial-finds-gen-ai-success-with-3-guiding-principles.html

04
AI가 바꾸는 산업 현장

다양한 산업에서 AI가 운영 혁신을 이끌고 있다. 아마존과 쿠팡은 물류 로봇으로 효율성을 높였고, 컬리는 AI 데이터 분석으로 신선식품 폐기율을 1% 미만으로 유지하고 있다. LG전자는 AI로 생산라인을 실시간 예측하며, 마스터카드는 생성형 AI로 사기 거래를 탐지한다. AI 도입의 성공을 위해서는 단순히 기술을 적용하는 것을 넘어 업무 프로세스 전반을 재설계하고, 각 과정에서 AI와 사람이 어떤 역할을 할지 명확하게 정의해야 한다.

AI와 사주?

기업은 일련의 활동을 통해 부가가치를 만들어 고객에게 제공한다. 대표적인 예로 제조업은 자재/부품을 조달해 제품을 생산 및 판매하고 사후 서비스를 제공한다. 금융업의 경우는 금융 니즈를 가진 고객을 유치해 대출/예금 서비스를 제공하고 금융 거래를 처리한다. 이러한 활동은 각종 데이터를 생성한다. 데이터가 AI의 재료임을 상기하면 데이터가 생성되는 어느 곳에서나 AI를 통한 운영 혁신이 가능하다. 실제로 AI는 산업 현장의 데이터를 학습해 운영을 효율화하고 품질을 높이고 있다. 예를 들어 제조업에 AI를 도입했을 때 생산 납기 준수율이 20~30% 향상되고 불량률이 20~50% 감소하는 것으로 나타났다(한국데이터산업진흥원, 2023). 주요 산업에서 AI가 어떻게 운영 방식을 혁신하고 있는지 구체적 사례를 알아보고, 기업이 고려해야 할 사항을 점검해 보자.

유통 산업의 AI 운영 혁신

글로벌 이커머스 기업 아마존은 물류 로봇을 2013년 1만 대에서 2023년 75만 대까지 늘렸다. 세계 최대 규모다. 물류 로봇은 사람과 협력하며 상품을 집품하고 운반하고 분류한다. 생산성 향상 효과만 있는 것이 아니다. 아마존의 발표에 따르면 물류 로봇이 도입된 현장은 로봇이 없는 현장보다 사고율이 15% 이상 낮았다(Amazon, 2023). 한국 이커머스 기업 쿠팡의 대구 풀필먼트 센터도 로봇을 이용해 집품, 운반, 분류 과정을 자동화하고 있다. 쿠팡은 업무 강도가 65% 감소하고 휴먼 에러가 사라졌다고 밝혔다(≪전자신문≫, 2023).

물류센터 자동화 외에도 AI는 정확하게 수요를 예측해 재고 부족을 방지하고 식품 쓰레기를 줄인다. 최초로 새벽 배송을 시행한 이커머스 기업 컬리는 AI 데이터 분석 시스템을 이용해 주문량을 예측하고 재고를 채워 놓는다. 덕분에 주문받은 다음 날 새벽에 출고할 수 있다. 신선식품 폐기율은 2015년 이래 1% 미만으로 유지되고 있다(≪동아일보≫, 2022). 주기별로 상품별/연령별 수요, 날씨, 시기성 이슈, 고객 반응률, 프로모션 효과 등을 고려하고 변수 조건을 조정해 예측 오차를 줄이고 있다.

제조 산업의 AI 운영 혁신

제조 산업은 공정 자동 제어 시스템 도입 등으로 운영이 많이 효율화되었지만 데이터가 설비별로 관리되거나 조립 작업같이 데이터 수집이 안 되는 경우들이 있어 AI 활용이 다른 산업에 비해 늦은 편이다. 그러나 대기업을 중심으로 AI 혁신이 일어나고 있고 점차 확산되는 추세다.

LG전자의 LG스마트파크는 2022년 세계경제포럼이 발표한 '등대 공장'에 선정되었다. 등대 공장은 4차 산업혁명의 핵심 기술들로 제조업의 미래를 이끄는 공장을 의미한다. LG전자의 등대 공장에서는 AI, 디지털트윈(Digital twin) 등의 기술로 30초마다 공장 안의 데이터를 분석해 10분 뒤의 생산라인을 예측하고 그에 맞춰 자재를 적시에 공급한다. 또한 제품 불량 가능성, 설비 고장 가능성을 미리 감지해 알린다(LG전자, 2022). 독일의 부품업체 보쉬(BOSCH)의 경우는 작업대에 달린 센서로 볼트, 스프링의 조임 상태, 작업 과정상의 온도 등을 감지해 20초마다 오류를 추적해 알려 준다(≪조선일보≫, 2025).

금융 산업의 AI 운영 혁신

금융 산업은 금전이 데이터 형태로 저장되고 거래되므로 AI · 디지털 혁신이 실현되기에 적합하다. 이미 가치사슬 대부분의 영역에 AI가 활용되고 있다. 한 예로, 금융은 항상 사기, 탈취 등의 위험에 노출되어 있어 이를 사전에 차단하는 것이 중요한데 기존에는 규칙 기반 접근 방식(Rule-Based AI)으로 이상 거래나 사기를 감지했지만 지금은 보다 지능적인 탐지가 가능해지고 있다.

대표적으로 미국의 신용카드사 마스터카드는 2024년에 생성형 AI를 활용해 사기 거래를 탐지하는 시스템을 개발했다. 이 시스템은 무려 1조 개의 데이터 포인트를 스캔해 거래의 진위 여부를 예측한다. 새로운 시스템을 적용하면 사기 탐지율이 평균 20%, 일부 사례에서는 300%까지 개선되었다(Mastercard, 2024).

AI 운영 혁신의 효과를 높이는 방법

유통, 제조, 금융 산업의 사례와 같이 여러 산업에서 AI와 유관 기술들을 촉매로 생산성 향상, 사전 예방 등의 효과를 높이고 있다. 이러한 AI 운영 혁신은 특정한 작업 단위에만 초점을 두지 않고 전후의 워크플로를 고려할 때 가능하다. 유통의 경우라면, 주문 접수부터 출고까지의 목표 시간, 주문량 예측에 따른 재고 확보 주기, 물류센터 내 로봇의 최적 동선과 같은 업무 흐름과 규칙 속에서 AI가 일익을 담당하게 하며 상품의 최종 도착 시간을 준수하고 최소 폐기율을 유지하는 것이다. 즉 기술 자체만이 아니라 프로세스 관점에서 접근해야 한다.

코로나 19 백신을 최초로 개발한 모더나는 코로나 19가 발발하기 전부터 이미 모든 연구 데이터를 중앙에 통합해 놓고 전체 부서가 표준 프로세스에 따라 협력하며 연구 개발하는 체계를 갖추고 있었다. 중국이 코로나 19 바이러스 정보를 공개하자 모더나는 바로 약 20개의 AI 모델을 만들어 테스트할 수 있었고 불과 1년도 안 되어 백신을 개발했다. 프로세스의 힘을 보여 주는 장면이다.

모더나처럼 처음부터 디지털화된 업무 프로세스를 구축한 기업과 달리 전통적인 기업은 오랜 기간 업무 프로세스가 관행화되어 이를 바꾸기가 쉽지 않다. 하지만 기존 프로세스를 그대로 두고 기술을 적용하면 원하는 만큼 성과를 내지 못할 수 있다. 예를 들어 한 은행이 자금관리 업무를 효율화하려고 자금관리 팀 직원들의 수작업을 분석하다 보니 정작 중요한 문제는 다른 곳에 있었다. 자금관리 팀과 다른 팀들 간에 업무를 요청하고 자료를 받고 검토 후 회신하는 등의 과정에서 대기 시간이 매우 길었던 것이다. 그래서 자금관리의 시작부터 끝까지 프로세스 전반을 다시 검토했다. 불필요한 단계를 제거하고 진행 상태를 관리하고 담당자 역할을 조정했다. 프로세스에서 군살을 빼자 시간이 단축되고 직원 만족도도 높아졌다.

BMW의 경우는 AI 기반의 입찰 지원 시스템(Tender Assistant)을 도입하며 입찰 관련 전체 프로세스를 재설계했다. AI 시스템의 채팅 기능을 활용해 구매 요청 팀과 구매 팀 간 소통 방식을 간소화했다. AI 시스템은 제안 요청서 등 서류 초안을 회사 표준에 따라 자동으로 작성하고 필수 정보가 누락되는 일을 막았다. 그 결과 업무 품질을 유지하면서도 전체 프로세스 수행 시간을 50%까지 줄일 수 있었다(BCG, 2025).

또한 기술은 최신 기술이 아니라 문제 해결에 적합한 기술에 초점을 맞춰야 한다. 제조 공장에서 자동화가 어려운 부분 중 하나가 조립 단계인데, 규격과 모양이 엇비슷한 작은 부품들을 정확하게 식별하고 집어 드는 일은 로봇이 수행하기에는 매우 섬세한 작업이다. 한 자동차 공장에서는 부품을 담은 박스에 큐알(QR) 코드를 붙이고 로봇이 큐알 코드를 읽게 하는 방식으로 이 문제를 간단히 해결했다. 현대자동차의 100% 스마트 팩토리 비전을 만들어 가는 테스트 베드(Test-Bed)인 싱가포르 글로벌 혁신센터(HMGICS)에서도 기술은 필요에 따라 다르게 적용되고 있다. 한 예로 물류 로봇은 바닥만 돌아다니니 로봇의 동선을 설계하고 제어하기 위해 굳이 큰 비용을 들여 3D 디지털 트윈을 구현할 필요가 없다. 평면도만으로도 충분하다(김현진, 2024).

프로세스 재설계 절차

많은 기업이 프로세스를 근본적으로 고치기보다 당장 생산성 효과를 볼 수 있는 작은 업무를 선택해 AI를 적용하는 경향이 있다. AI의 효과를 검증하는 단계는 필요하나 조직의 운영 방식 차원에서 변화를 도모할 때 더 큰 가치를 창출할 수 있다. 그 절차는 다음과 같다.

먼저 업무 프로세스 전반에 걸쳐 일의 흐름, 규칙, 역할과 책임에 대한 개선점을 발굴하고 AI 등 기술의 적용 가능성과 효과성을 평가해야 한다. 이때 특정 부서에 국한하지 않고 관련 부서를 모두 살펴야 전체 최적화가 가능하다. 또한 현장을 잘 아는 직원들을 참여시켜야 근본 원인을 알 수 있고 직원들의 수용도를 높일 수 있다. 문제 해결을 위한 기술을 채택할 때는 최신 기술만이 능사가 아니라 비용 효율적인 관점에서 봐야 한다. 생성형 AI가 아니라 기존의 머신러닝, 전통적 기술이 더 적합할 수 있다. 다음으로 AI 등의 기술에게 일정한 역할을 주면서 사람 직원이 외면되지 않도록 AI와 사람 간의 역할 모델을 정의해야 한다. 완전히 자동화할 영역과 사람의 개입이 필요한 영역을 명확히 구분하면 AI의 능력을 최대한 활용하면서도 사람만의 강점을 발휘해 시너지를 낼 수 있다.

참고문헌

김현진(2024). 불 꺼진 공장, 등대를 꿈꾸다. ≪동아비즈니스리뷰≫, 404.

동아일보(2022.3.11). 마켓컬리 신선식품 폐기율, 7년째 1% 미만…“정확한 예측이 비결”. https://www.donga.com/news/Economy/article/all/20220311/112288351/1

전자신문(2023.2.7). [르포]수백대 소팅봇이 상품 분류… 쿠팡 로켓배송 비결은 ‘자동화’. https://www.etnews.com/20230207000003

조선일보(2025.1.8). AI가 공장 돌리니… 20초마다 “오류 체크 완료”. https://www.chosun.com/economy/tech_it/2025/01/07/RY52AFFKZNC45F7LW6HSZDO7WU/

한국데이터산업진흥원(2023). 『2023년도 데이터산업 백서』. https://www.kdata.or.kr/kr/whitePaper/view.do?pubYear=2023

LG전자(2022.3.31). LG전자 창원 ‘LG 스마트파크’, ‘세계경제포럼(WEF) 등대공장’ 선정. https://live.lge.co.kr/lg-wef-lighthousefactory/

Amazon(2023). Amazon announces 2 new ways it’s using robots to assist employees and deliver for customers. https://www.aboutamazon.com/news/operations/amazon-introduces-new-robotics-solutions

BCG(2025.1.7). Capturing Real-World Value in Automotive AI. https://www.bcg.com/publications/2025/value-in-automotive-ai

Mastercard(2024.2.1). Mastercard supercharges consumer protection with gen AI.

https://www.mastercard.com/news/press/2024/february/mastercard-supercharges-consumer-protection-with-gen-ai/

05
데이터로 이끄는 AI 혁신

AI 시대에 데이터는 기업의 핵심 경쟁력이 되고 있다. 블룸버그와 넷플릭스는 데이터를 통해 서비스 가치를 높이고, 나이키는 자체 데이터 확보로 성장을 이뤘다. 기업들은 독자적인 데이터를 확보하고 이를 일관성 있게 통합 관리해야 한다. 현대자동차의 스마트 팩토리 사례처럼 데이터의 통합적 관리는 혁신의 기반이 된다. 알고리즘과 컴퓨터 성능은 상품화되는 반면, 양질의 데이터를 확보하고 체계적으로 관리하는 능력이 앞으로 AI 혁신의 성패를 가를 것이다.

AI와 아이돌?

사람들은 매일 웹과 앱에 흔적을 남기고 각종 센서는 쉴 새 없이 측정 결과를 남긴다. 이렇게 쌓여도 분석할 수 없으면 무용지물이겠지만 데이터 분석 기술 발달로 텍스트, 음성, 영상 등 비정형 데이터를 분석할 수 있게 되었다. 여기에 획기적인 AI 알고리즘들이 등장하고 AI를 학습시키는 컴퓨터의 성능도 대폭 향상되어 다양한 AI 서비스가 개발되었다. 번역, 내비게이션, 맞춤 광고, 영화 추천, 챗봇, 대화봇, 회의 요약, 엑스레이 사진 판독, 마케팅 문구 생성, 수요 예측, 고장 예측과 같이 이루 세기 어렵다.

AI 혁신이 과거의 전산화와 차별화되는 큰 이유는 데이터에 있다. 데이터가 곧 기회이고 비즈니스가 된다. 금융 전문 미디어 업체인 블룸버그는 40년 넘게 수집한 금융 문서를 학습해 금융에 특화된 대규모 언어 모델인 블룸버그 지피티(Bloomberg GPT)를 업계 최초로 개발했다(Wu et al., 2023). 블룸버그 지피티는 감독 기관에 제출할 각종 서류의 초안을 써 주고 재무제표에서 핵심을 뽑고 개별 기업들의 정보를 일목요연하게 정리해 준다. 무엇보다도 오랜 기간 데이터를 모으고 정제한 공에 힘입어 그들의 금융 서비스를 계속 개선하고 확장할 기반을 마련한 것에 큰 의의가 있다.

데이터의 가치를 극대화한 또 다른 기업은 넷플릭스다. 넷플릭스는 온라인 스트리밍 방식으로 영상 콘텐츠 시청 서비스를 제공하며 시청 습관 데이터, 관람평 등의 데이터를 수집해 고객 선호도를 예측하고, 개별 고객에 맞춰 '미리 보기' 이미지를 노출한다. 고객들이 시청한 영상의 75%는 이러한 추천 리스트에서 나왔다(Amatriain & Basilico, 2012). 그 과정에서 고객의 시청 데이터는 쌓이고 추천이 적중할 확률은 높아지며 넷플릭스의 매출은 올라가는 선순환이 이루어진다. 데이터를 재료로 AI는 가치를 창출하고 다시 데이터의 가치를 높인다. 즉, 더 많은 사용이 더 많은 데이터 생성으로 이어지고 더 많은 데이터는 더 나은 가설(예측, 추천 등)이 되고 더 나은 서비스가 되어 다시 더 많은 사용으로 이어진다.

앞으로 AI 알고리즘이나 컴퓨터 성능은 점차 그 자체로는 경쟁력이 되기 어려울 것이다. 머신러닝의 경우 자동 머신러닝(AutoML, Automated Machine Learning)이 최적의 알고리즘을 자동으로 선정해 주니 비전문가도 AI 모델을 만들 수 있다. 생성형 AI와 관련한 알고리즘 중에 오픈소스(Open Source)로 공개된 알고리즘도 많다. 중국의 AI 스타트업 딥시크가 내놓은 생성형 AI는 낮은 사양의 컴퓨터 자원을 사용하고도 오픈AI와 같은 선두 기업의 생성형 AI에 필적하는 결과를 내놓았다. 따라서 알고리즘, 컴퓨터 성능보다 품질이 높은 데이터를 얼마나 확보하고 있는지가 기업의 핵심적인 경쟁력이 될 것이다.

그러나 자사의 데이터가 얼마나 준비되어 있는지 제대로 파악하고 있는 비즈니스 리더는 드물다. 비즈니스 리더의 87%는 자사의 데이터가 AI 서비스 구현에 충분히 준비되었다고 답했지만 기술 실무자의 70%는 매일 최소 1시간 이상을 데이터 문제를 해결하는 데에 쓰고 있었다(Capital One, 2024). 한국의 IT 전문가들도 AI 도입 시 겪는 가장 큰 어려움으로 데이터 문제를 꼽았다(한국IDG, 2023). AI 서비스 개발에 요구되는 데이터 자체가 부족하거나 데이터에 결함이 있어 정제하는 시간이 오래 걸리는 등 이슈가 빈번하게 일어나고 있다. 데이터의 중요성을 상기한다면 기업들은 제품의 공정을 관리하듯이 내외부의 데이터를 확보하는 단계에서 유지, 활용하는 단계에 이르는 '데이터 파이프라인'을 탄탄하게 구축해야 한다.

독자적 데이터의 확보

2019년 11월 나이키는 폭탄선언을 했다. 최대 이커머스 아마존에서 철수하기로 한 것이다. 당시 아디다스의 추격을 받으며 위기를 느낀 나이키는 새로운 활로가 필요했지만 고객에 대해 충분히 알지 못한다는 걸 깨달았다. 도매 매출이 전체 매출의 80%를 넘고 온라인 도매 매출의 50% 이상을 아마존에 의존하는 탓이었다. 나이키는 도매망을 줄이고 자사 온라인 몰을 확장했다. 멤버십 회원을 적극적으로 유치하고 온라인 커뮤니티를 강화했다. 나이키는 자사 몰에서 확보한 고객 데이터를 분석해 고객에게 더 나은 경험을 제공한 덕에, 팬데믹으로 인해 오프라인 매출이 줄어든 가운데서도 2020년 9~11월에 전년 동기 대비 9% 높은 매출을 달성했다(≪조선일보≫, 2021).

한편 기업들은 그들의 업 자체에서는 얻기 어려운 데이터를 확보해 새로운 기회를 창출할 수 있다. 2022년에 신한은행은 은행업과는 상관없어 보이는 배달 앱 서비스를 출시했다. 그러나 한 단계 더 들여다보면, 소상공인, 배달 종사자 들에 대한 데이터를 모을수록 그들에게 맞는 금융 상품을 제공할 기회가 생긴다는 걸 알 수 있다. 유사한 맥락에서 한국의 보험회사들은 의료, 보건 데이터를 확보하려고 노력하고 있다. 고객에 대해 잘 알수록 더 적합한 보장 설계, 합리적 가격 책정이 가능하다. 나아가 건강 증진, 요양 등의 헬스케어 사업과 연계할 수 있다.

위의 사례에서 보듯이 기업들은 더 넓고 깊게 데이터를 확보할 때 고객 경험을 향상하고 사업을 성장시킬 수 있다. 더구나 대규모 언어 모델과 검색 증강 생성 기술은 독자적인 데이터를 확보한 기업들에게 날개를 달아 주고 있다. 검색 증강 생성은 대규모 언어 모델이 별도의 전문 지식 데이터베이스를 참고해 정확한 답변을 내놓게 하는 기술이다. 법무법인 대륙아주는 변호사들이 작성한 1만 개 이상의 질문/답변과 네이버의 대규모 언어 모델 하이퍼클로바X를 연결해 2024년 3월에 법률 Q&A 서비스를 출시했다(이데일리, 2024). 수백억 원이 들어가는 대규모 언어 모델을 직접 만들지 않아도 기업이 보유한 독자적 데이터를 이용해 낮은 비용으로 차별화된 서비스를 제공할 수 있는 것이다.

일관성 있는 데이터 통합 관리

기업이 많은 데이터를 수집하더라도 동일한 데이터가 다른 형식으로 존재하거나 여기저기 흩어져 있는 상황에서는 데이터의 가치를 제대로 누릴 수 없다. 먼저 데이터 형식의 경우, AI를 비롯한 IT 시스템을 구축할 때 특정 부서의 요구 사항에만 맞춰 데이터를 설계하면 해당 부서에서는 잘 사용하더라도 다른 부서에서는 활용하지 못하게 된다. 보험회사 영업 부서에서 고객의 보험 청약 확률을 예측하려고 보험금 지급 부서가 관리하는 보험금 데이터를 사용하려 할 때 두 부서 간에 고객 식별 기준이 다르면 난감할 것이다. 이런 문제를 방지하기 위해 전사 차원에서 공통된 데이터 표준을 마련하고 준수하도록 해야 한다.

또한 기업에서는 여러 AI 프로젝트가 동시에 진행되는 경우가 많은데 각 프로젝트마다 별도로 데이터 저장소를 만들어 동일한 데이터가 중복 저장되는 일이 생기고 있다. 자원 낭비에 국한되는 문제가 아니다. 시간이 지나 저장소마다 개별적인 수정이 발생하면 어느 쪽이 진본인지 알 수 없게 된다. 이런 상황에서는 동일한 목적으로 작성된 보고서들의 수치가 서로 달라 신뢰할 수 없고 AI 모델이 생성한 결괏값도 신뢰하기 어려워진다. 따라서 공통 데이터는 통합 저장하고 개별 시스템들 간에 데이터 정합성이 유지되도록 해야 한다.

제조 공장의 예를 보자. 대다수의 공장에서는 설비 따

로, 공정 따로 데이터를 저장하고 관리하는 실정이다. 설비마다 데이터 형식도 다르다. 설비에 고장이 발생하면 진동, 온도 등을 살펴보는데 이것만으로는 고장 원인을 찾지 못할 때가 많다. 고장이 발생한 시각의 공정 상태, 공장 환경 등을 함께 파악할 수 있다면 종합적인 판단이 가능할 것이다. 현대자동차의 싱가포르 글로벌 혁신센터는 이러한 숙제를 풀어 가고 있다. 공장에서 측정되는 모든 데이터를 중앙의 디지털 트윈에 100% 연결하는 게 목표다. 이런 통합 과정이 전제되어야 원격에서 공정을 제어하고 설비 상태를 파악하면서 불량 원인을 정확히 찾아내 조치하는 스마트 팩토리가 실현될 수 있기 때문이다(김현진, 2024).

데이터의 문제는 잘못된 관행이 누적된 결과일 가능성이 크다. 그러다 보니 근본적인 조치에 엄두를 내기 어렵다. 그러나 AI 시대는 이 지점에서 기업 경쟁력의 격차를 점점 더 벌릴 것이다. 기업들은 제품을 관리하듯 데이터를 관리하는 체계를 더 늦지 않게 갖춰야 한다.

참고문헌

김현진(2024). 불 꺼진 공장, 등대를 꿈꾸다. ≪동아비즈니스리뷰≫, 404.

이데일리(2024.3.20). 대륙아주, 하이퍼클로바X 기반 법률 Q&A 서비스 출시.
https://www.edaily.co.kr/News/Read?newsId=02768326638825288&mediaCodeNo=257&OutLnkChk=Y

조선일보(2021.1.7). [2021 컨슈머]⑤ "아마존에서 안 팔아" 나이키 '신의 한수' 통했다.
https://biz.chosun.com/site/data/html_dir/2021/01/07/2021010700126.html

한국IDG(2023.8.8). 『생성형 AI라는 거부할 수 없는 물결: 2023 국내 AI 도입 및 활용 현황 조사－Market Pulse』.
https://www.techlibrary.co.kr/techlibrary/302617#csidx1cdd70117ff0f4c824e3362f41735a5

Amatriain, X. & Basilico, J.(2012.4.6). Netflix Recommendations: Beyond the 5 stars(Part 1).
https://netflixtechblog.com/netflix-recommendations-beyond-the-5-stars-part-1-55838468f429

Capital One(2024.11.21). AI readiness survey: Are companies ready for AI adoption?
https://www.capitalone.com/tech/machine-learning/ai-readiness-survey/

Wu, S., et al.(2023). Bloomberggpt: A large language model for finance. arXiv preprint arXiv:2303.17564.

06
AI가 높이는 고객 경험

AI는 고객의 탐색과 선택을 효과적으로 도와주면서 동시에 고객의 긍정적인 행동 변화를 이끌어 내고 있다. 스티치픽스의 패션 큐레이션, 아마존의 AI 쇼핑 비서, 은행의 AI 상담원은 고객의 선택을 돕고, 핀테크 기업들은 현명한 자산 관리를, 보험회사들은 안전 운전을 장려해 고객의 삶을 개선한다. 이러한 고객 경험 향상을 위해서는 고객 데이터를 효과적으로 활용하고, 적절한 수준의 고객 참여를 유도하는 것이 중요하다.

AI와 야구?

기업의 활동은 큰 틀에서 볼 때 운영을 최적화해 비용을 낮추는 측면과 고객이 원하는 가치와 경험을 제공해 수익을 높이는 측면으로 구분할 수 있다. AI는 산업 현장에서도 활약하지만 고객 접점에서 고객이 시간을 아끼고 더 나은 선택을 하며 삶의 질을 높이는 데에 기여하고 있다. 만족한 고객은 제품/서비스를 재구매하고 다른 사람에게 추천해 기업이 지속적으로 성장하도록 돕는다. 기업 내부에서 AI를 접목한 프로세스 재설계가 중요하듯이, 고객 경험을 높이기 위해서는 AI와 고객 간의 상호작용 방식을 정교하게 설계하는 게 중요하다. AI가 고객 경험을 높이는 유형과 사례를 살펴보고, 우리 기업들에게 어떤 준비가 필요한지 알아보자.

고객의 탐색과 선택을 돕는 AI 비서

카트리나 레이크(Katrina Lake)는 직장인과 대학원생을 병행하던 시절에 옷 고르는 시간도 내기 어려웠다. 누가 대신 옷을 골라 주면 좋겠다는 생각은 패션 구독 서비스 업체 스티치픽스 창업으로 이어졌다. 스티치픽스의 AI는 고객의 키, 몸무게, 취향, 가용 예산과 패션 트렌드, 계절, 타인의 구매 후기 등을 종합 분석해 고객에게 맞는 옷을 추천한다. 스타일리스트 직원이 그중에서 다섯 벌을 신중히 선별해 고객에게 배송하면 고객은 마음에 드는 옷은 구매하고 나머지는 반품한다. 고객 중 80% 이상이 최소한 한 벌 이상을 구매했고 구매한 고객의 80% 이상이 3개월 내 재구매했다(Goodwater, 2017). 기존에도 스타일리스트가 옷을 골라 주는 서비스는 있었지만 고가였다. 스티치픽스는 스타일리스트가 옷 찾는 데 쓰던 시간은 대폭 줄이고 그들의 안목은 살렸다. 가격은 낮추고 취향 저격 가능성을 높인 덕에 창업 5년 만에 8000억원이 넘는 매출을 달성했다(Stitch Fix, 2017).

아마존의 쇼핑 AI는 고객이 온라인 쇼핑몰의 수백, 수천 개의 상품 속에서 길을 잃지 않게 해 준다. 2024년 7월 아마존은 자체 대규모 언어 모델에 쇼핑 관련 데이터를 학습시킨 AI 쇼핑 비서 루퍼스(Rufus)를 내놓았다(Amazon, 2024). 고객은 모바일 앱에서 루퍼스와 채팅하면서 제품을 고르고 제품의 상세 내용을 확인하며 다른 제품과 비교해 보고 추천도 받는다. 예를 들면 '헤드폰 구매 시 고려 사항은?', '립글로스와 립 오일의 차이는?', '크리스마스에 다섯 살 아이가 받고 싶은 선물은?' 같은 질문을 던진다. 마치 전문 큐레이터를 대동한 VIP 고객이 된 경험을 하는 것이다.

AI는 금융 산업에서도 고객이 편리하게 금융 생활을

하도록 돕는다. 상담 챗봇은 시나리오 기반으로 응답하던 단계에서 고객 의도에 맞춰 대처하는 단계로 발전했다. 미국의 대형 은행 웰스파고는 2023년 3월에 기존의 챗봇 파고(Fargo)에 생성형 AI를 적용하고 송금, 요금 납부 등의 기능을 연계했다. 과거 거래 내역으로 당월 예상 잔고를 예측해 자금이 부족할 것으로 판단되면 알림을 주는 등 고객을 세심히 살핀다. 신한은행은 AI 은행원을 현장에 배치했다. AI 은행원은 계좌 개설, 입출금 처리 등 60종 이상의 창구 업무를 처리하고 있다. 신한은행은 앞으로 외부 생성형 AI를 접목해 더 자연스러운 상담이 가능하게 할 계획이라고 밝혔다(뉴스1, 2024).

고객의 긍정적 변화를 돕는 AI

인스타그램, 네이버 카페, 카카오톡, 링크드인 등의 소셜 미디어, 커뮤니티 앱은 사용자들의 생활을 바꿔 놓았다. 사람들은 온라인에서 만나서 소식을 전하고 유용한 정보를 공유한다. 사람들이 모이고 새로운 유형의 행동이 생기면 그에 따른 비즈니스가 활성화된다. 모임 주선, 전문가 연결, 채용, 커머스 연계 등이 그 예다.

AI가 적용된 서비스도 사용자들의 변화를 유도하고 있다. 핀테크 앱 뱅크샐러드는 상품 맞춤 추천과 같은 직접적 수익 활동 외에 자산, 소비 분석과 연계해 종잣돈 모으기, 고정 지출 줄이기와 같은 실천 프로그램을 제시한다. 고객이 금융 활동을 하는 이유는 결국 경제적으로 더 자유로워지기 위해서다. 이러한 근본적 니즈를 터치하는 것이다. 행동이 결과를 낳고 결과는 다시 행동을 촉진해 고객은 더 자주 앱을 방문하게 된다.

보험 산업의 경우, 미국의 자동차 보험회사 프로그레시브는 차량에 부착한 장치나 모바일 앱에서 전송받은 데이터로 안전 운전 점수를 산출해 점수가 높으면 보험료를 할인해 준다. 한국의 보험회사들도 내비게이션 앱이 측정한 안전 운전 점수, 대중교통 이용 횟수 등을 이용해 자동차 보험료를 할인한다. 자동차 사고가 줄면 고객은 안전한 삶을 누릴 수 있고 보험회사는 사고 보험금이 줄어 보험료를 고객에게 돌려줄 수 있다. 유사한 맥락에서 건강 점수를 측정해 질병 예방 활동을 권장하는 서비스도 보험회사와 헬스케어 스타트업들이 협력해 제공하고 있다. 보험이 사후적 금전 보상에 머물지 않고 고객의 평소 삶 속으로 들어가는 것이다.

이렇듯 고객의 구매 경험에 한정하지 않고 업의 본질과 관련되는 행동 변화를 촉진하면 사업 기회가 확장되고 고객은 추가적인 혜택을 얻을 수 있다.

고객 이해와 고객 참여 유도

고객의 탐색, 선택 비용을 줄이고 고객에게 긍정적 영향을 미치려면 고객에 대한 이해가 필수다. AI가 고객을 잘 이해하려면 고객에 대한 데이터가 필수다.

미국 통신회사 컴캐스트(Comcast)의 AI 도구는 자사의 모든 시스템으로부터 고객이 남긴 데이터를 수집하고 시간별로 정리해서 고객 여정 지도를 실시간으로 만든다. 예를 들어, 홍길동 고객이 9시에 앱에서 신규 제품을 검색하고 원하는 정보를 찾지 못해 9시 10분에 콜센터에 전화를 걸어 해결하고 10시에 오프라인 매장에 들러 원하는 제품을 구입한 사실이 한곳에 순차적으로 기록된다. 이 여정에서 컴캐스트의 AI 도구는 명민하게 행동한다. 홍길동이 앱에서 어려움을 겪고 있다는 사실을 인지한 순간 콜센터 직원에게 문자를 보낸다. 문자에는 홍길동 고객이 곧 전화할 것 같다는 알림과 홍길동 고객의 문제를 해결할 조치 방안이 적혀 있다.

스타벅스의 경우도 고객 동선에 따라 데이터를 차곡차곡 모은다. 어느 시간대에 어느 장소에서 어떤 음료를 주문하는지, 어떤 방식으로 얼마나 결제하고 어떤 혜택 쿠폰을 사용하는지, 얼마나 자주 방문하는지 등을 분석해, 취향, 경제력, 시간, 장소, 날씨에 맞는 메뉴를 추천

한다. 이처럼 스타벅스의 디지털 플라이휠 속에서 고객은 최상의 경험을 하고 스타벅스는 고객을 지속적으로 유지한다.

대기업인 컴캐스트나 스타벅스와 같이 고객을 360도로 실시간으로 이해하지는 못하더라도 우선순위를 따져 꼭 필요한 데이터와 기술을 준비하면 비용 대비 효과를 높일 수 있다. 무조건 많은 데이터, 최신 기술이 아니라 실제로 고객에게 도움이 되느냐가 중요하기 때문이다. 예를 들어 대기 시간이 고객들의 가장 큰 불만인 음식점에서는 데이터 확보와 AI 학습에 시간이 걸리는 메뉴 맞춤 추천 시스템보다는 모바일 원격 주문 시스템을 도입하는 게 급선무일 것이다.

또 하나, 고객에게 모든 걸 알아서 해 주는 게 능사는 아니라는 점을 상기할 필요가 있다. 사람들은 본인의 의견이 반영된 결과물을 더 잘 수용하는 경향이 있다. 통제력을 가지고 있다고 느끼기 때문이다. 스티치픽스의 스타일 셔플(Style Shuffle)은 고객에게 여러 옷을 제시하는 기능으로, 고객은 추천이 마음에 드는지 여부를 투표할 수 있다. 한 단어로 표현하기 어려운 취향을 AI에게 직접 가르쳐 주는 재미가 있다. 아마존의 AI 쇼핑 비서 루퍼스가 내놓은 답변에 고객들은 '좋아요' 또는 '싫어요'

를 투표한다. 역설적이게도 AI를 판단하는 위치에 있다는 우월감이 AI에 대한 거부감을 상쇄한다. AI 제품이나 서비스를 기획할 때는 사람에게 역할을 살짝 부여하는 지혜가 필요하다.

참고문헌

뉴스1(2024.12.10). "더 똑똑한 AI가 온다"… 신한은행 'AI 은행원' 혁신금융서비스 지정.
https://www.news1.kr/finance/general-finance/5626782

Amazon(2024.2.1). Amazon announces Rufus, a new generative AI-powered conversational shopping experience.
https://www.aboutamazon.com/news/retail/amazon-rufus

Goodwater(2017.11.13). Understanding Stitch Fix: Finding the Perfect Fit.
https://www.goodwatercap.com/thesis/understanding-stitch-fix#_ednref3

Stitch Fix(2017.5.10). Stitch Fix Enjoys Growth & Client Loyalty.
https://investors.stitchfix.com/news-releases/news-release-details/stitch-fix-enjoys-growth-client-loyalty

07
AI 시대의 고객 가치 찾기

AI 기술이 상품화되어 누구나 쉽게 활용하게 되면 기업 경쟁력의 본질적인 면인 고객 가치 창출 역량이 더욱 부각될 것이다. 고객 피드백을 체계적으로 분석하고 실제 행동을 관찰하며 고객의 전체 여정을 탐색함으로써 새로운 비즈니스 기회를 발견할 수 있다. 토스, 에어비앤비, 테팔의 사례처럼 고객 관점에서 문제를 발견하고 해결할 때 혁신이 가능하다.

AI와 윤동주?

기업들은 AI 기술을 도입하려고 많은 돈을 쓰고 오랜 기간 준비한다. 데이터 과학자, 엔지니어를 고용하고 하드웨어를 설치하고 AI 개발 환경을 구성하는 등 까다로운 과정을 일일이 거친다. 그러나 AI 기술이 점차 상품화되고 있다. 원할 때 바로 구입하거나 빌려 쓸 수 있다는 의미다. 실례로 아마존웹서비스, 마이크로소프트 애저와 같은 클라우드 서비스 업체는 다양한 AI 기술을 백화점 상품처럼 진열하고 있다. 기업들은 골라서 구독한다. 스타트업, 중소기업 들은 큰 투자 없이도 최신 기술을 바로 사용할 수 있다. 바꿔 말하면, AI 기술력 자체가 기업의 경쟁력이 되지 않는 시대로 접어들고 있다.

AI가 누구나 쉽게 접근하고 사용하는 기술이 되면 기업들은 다시 근본적인 질문으로 돌아가야 한다. 경영학의 아버지 피터 드러커(Peter Drucker)는 기업들이 다음 질문에 끊임없이 답해야 한다고 했다. 우리의 고객은 어디에 있는가? 우리의 고객은 무엇에 돈을 쓰는가?

핀테크 업체 토스의 창업자는 초기 2년간 본인의 아이디어에 매달렸다. 사람들이 오프라인에서 만났다는 걸 인증하는 서비스를 구상했다. '사람들이 온라인 소셜 네트워킹만 하는 건 싫어할 거야'라는 생각에서 출발한 서비스였다. 결과는 처참한 실패였다. 토스 팀은 처음부터 다시 아이디어 100개를 모았고 하나하나 시장에 먼저 테스트하기로 했다. 간편 송금도 그중 하나였다. 기능을 만들기 전에 페이스북에 광고를 올려 봤는데 사람들이 반응했다. 별도로 홈페이지를 만들어 간편 송금 신청을 받았더니 신청이 몰렸다. 그때부터 은행과 연계하는 기능을 개발했다. 그렇게 출발한 토스는 은행, 증권, 보험을 아우르는 슈퍼 앱이 되었다(토스, 2022).

이와 같이 많은 사람들이 일상에서 겪는 보편적인 문제에서 기회를 엿볼 수 있다. 에어비앤비 창업자는 큰 행사 때 근처 호텔 예약이 다 차서 빈방이 없는 걸 목격하고 우리 방을 빌려주면 안 될까 하는 아이디어를 떠올렸다. 방이 필요한 사람과 방이 남는 사람을 연결하는 비즈니스가 탄생한 순간이다. 아푸바 메타(Apoorva Mehta)는 사람들이 온라인 식료품 몰이 거의 없어 매번 오프라인 매장에 가서 구입하는 걸 보고—본인도 느끼는 불편이었다—다른 사람이 대신 장을 봐서 배달해 주는 식료품 배송업체 인스타카트를 2012년에 창업했다. 이 회사는 물류 창고도 배송 트럭도 없다.

인터넷, 모바일, AI가 결합된 시대에 대규모 장치 산업을 제외하면 기업들 간에 물리적 장벽이 거의 사라졌다. 특히 디지털 네이티브 기업은 네트워크 효과로 얻은 고객 기반으로 사업을 확장하는 추세다. 숙박 예약에서 여가 활동, 항공권 예매까지. 패션 커뮤니티에서 콘텐츠, 커머스까지. 인테리어 콘텐츠에서 생활용품 커머스, 이삿짐센터까지. 전통적인 기업들도 가만히 있지 않는다. 스타벅스는 커피 체인에 머물지 않고 선불 충전, 다양한 결제 기능 등을 갖춘 금융 플랫폼으로 진화했고 삼성물산 건설 부문은 온라인 주거 생활 플랫폼을 내놓았다.

디지털 기업도 전통적인 기업도 고객의 입장에 서야 산업의 경계를 넘어설 수 있다. 고객이 '하고 싶은 거 다 하도록' 도와준다는 관점에서 출발하는 것이다. 그러려면 고객의 목소리에 귀 기울이고, 그들의 행동을 관찰하고 전체 여정을 살펴 새로운 고객 가치를 찾아가야 한다.

고객 피드백 분석

가트너는 성장하는 기업들의 80%는 고객 피드백을 수집하는 반면에 성장하지 못하는 기업들은 그 비율이 58%에 그친다고 밝혔다(Gartner, 2020). 다양한 경로와 방법으로 고객의 이야기를 듣는 기업이 더 성장한다는 증거다.

한 예로, 스타벅스 성장에 큰 기여를 한 모바일 주문 결제 및 리워드 제도는 고객에게서 나온 아이디어다. 스타벅스는 2008년부터 9년간 마이스타벅스아이디어닷컴을 통해 고객의 아이디어를 모았다. 투표, 토론을 거쳐 아이디어를 채택하는 방식이었다(Starbucks, 2025). 고객 관계 관리(CRM, Customer Relationship Management) 설루션으로 유명한 세일즈포스(Salesforce)도 아이디어 익스체인지(ideaexchange)라는 고객 피드백 웹사이트를 운영하고 있다. 2025년 1월 현재 5만7000건이 넘는 피드백이 게시되어 있고(Salesforce, 2025), 투표 점수가 높은 피드백이 먼저 제품에 반영된다.

스타벅스, 세일즈포스의 경우처럼 체계적으로 관리하지 않더라도 생성형 AI를 이용해 콜센터 통화 녹음, 홈페이지 게시판, 앱 스토어 리뷰, 소셜미디어 댓글 등에서 고객의 의견을 추출, 분석, 요약해 활용할 수 있다. 실제로 차량 공유 업체 쏘카의 경우 과거에는 고객 별점이나 상담 소요 시간 등만 분석할 수 있었지만 생성형 AI를 도입한 이후 상담 내용 전체를 분석해 고객의 요구를 파악하고 있다(한국IDG, 2024).

고객 행동 관찰

고객 피드백만으로는 실제를 파악하기 어려운 경우도 많다. 맥도날드의 밀크셰이크 사례가 대표적이다. 2000

년대 초반에 맥도날드는 밀크셰이크 판매가 정체되어 있었다. 고객 설문 조사를 실시해 개선점을 반영해 봐도 효과가 없었다. 맥도날드의 의뢰를 받은 하버드 경영대학원 클레이턴 크리스텐슨(Clayton Christensen) 교수는 설문 조사 결과를 보지 않고 맥도날드 매장에 가서 종일 고객들을 관찰했다. 그러자 놀라운 결과가 나왔다. 밀크셰이크 고객의 대부분은 직장인 남성이었다. 밀크셰이크를 사는 이유를 물었더니 이른 아침 긴 출근길을 운전하는 동안 지루함과 출출한 배를 달래기에 딱 좋다고 했다. 맥도날드는 밀크셰이크 농도를 높여 더 오래 먹을 수 있게 하고 토핑을 추가해 씹는 재미를 주었다. 그러자 매출이 일곱 배 증가했다(Christensen, 2016).

이처럼 기업이 생각하는 고객층이 실제 고객과 일치하는지, 고객의 숨은 욕구는 무엇인지를 살펴야 한다. 다행히도 고객이 남긴 행동 데이터로 이러한 니즈를 파악할 수 있다. 넷플릭스는 사람들이 설문 조사에서는 취향을 과장한다는 걸 알아냈다. 예를 들어 사람들은 설문 조사에서 예술 영화를 좋아한다고 말하지만 시청 습관 데이터를 분석해 보면 실제로는 코미디와 같은 가벼운 영화를 더 많이 시청했다. 데이터로 고객의 취향을 정확히 간파하는 추천 시스템은 넷플릭스의 핵심 경쟁력이 되었다.

특히 오랫동안 한 분야를 영위한 전통적인 기업들은 오래 믿어 온 관념에 갇혀 있을 위험이 있다. 경영진은 내부 보고에만 의존하지 말고 고객 접점의 생생한 현장과 고객이 시스템, 웹, 앱에 남긴 행동에 관심을 기울여야 한다.

고객 입장의 여정 탐색

고객에게 듣고 고객을 관찰할 때 유념할 점이 있다. 기업은 매출이 발생하는 순간에만 초점을 두는 경향이 있다. 고객의 여정은 원하는 제품, 서비스를 탐색하는 데서 시작한다. 검색-비교-구매-수령-사용-유지-처분의 전체 과정에서 고객은 제품과 서비스를 평가한다.

테팔 브랜드를 소유한 프랑스 기업 세브는 2000년대 초에 감자튀김 조리기 시장에서 저가 제품들에 밀리고 있었다. 고심이 깊어진 세브는 고객의 여정을 한 단계씩 밟아 보았다. 고객들은 감자튀김 조리기를 사용할 때 식용유 온도가 높아 위험하다고 느꼈고 집에서 냄새가 오랫동안 빠지지 않아 불쾌해했다. 사용 후에는 기름기 때문에 설거지가 어려웠고 쓰고 난 식용유를 폐기하기도 힘들었다. 다음에 다시 사용하려니 식용유 가격이 비싸서 사용이 꺼려졌다. 세브는 이 모든 문제를 어떻게 해결할까 궁리를 거듭한 끝에 식용유 한 스푼만 넣어도 같은 효과가 나는 에어프라이어를 2006년에 세계 최초로 개발했다. 고객들은 크게 호응했고 튀김 요리를 꺼리던 사람들도 신규 고객이 되었다(Kim & Mauborgne, 2017).

업종과 제품, 서비스에 맞게 고객 여정의 단계를 나누고 각 단계마다 고객을 괴롭히는 문제점이 무엇인지 점검해 나가자. 기업의 입장이 아니라 고객의 입장에서 바라보면 놓쳤던 사실이 드러날 것이고 이는 곧 새로운 기회가 된다.

참고문헌

토스(2022.7.13). 토스는 이렇게 시작했습니다 | PO SESSION. https://www.youtube.com/watch?v=Tmj1HEFnKpE&lc=UgwjXUbGNzoutqETlbV4AaABAg

한국IDG(2024.12.9). 『2025 IT 전망보고서』. https://www.techlibrary.co.kr/techlibrary/354525

Christensen, C., et al.(2016). *Competing against luck: The story of innovation and customer choice.* Harper Business. 이종인 옮김(2017). 『일의 언어』. 알에이치코리아.

Gartner(2020.3.31). Gartner Says Growth Companies Are More Actively Collecting Customer Experience Data Than Nongrowth Companies. https://www.gartner.com/en/newsroom/press-releases/20

20-03-31-gartner-says-growth-companies-are-more-actively-collecting-customer-experience-data-than-nongrowth-companies

Kim, W. C. & Mauborgne, R.(2017). *Blue ocean shift: Beyond competing—proven steps to inspire confidence and seize new growth.* Grand Central Publishing. 안세민 옮김(2017). 『블루오션 시프트』. 비즈니스북스.

Salesforce(2025). ideaexchange website. https://ideas.salesforce.com/s/search#t=All&sort=relevancy

Starbucks(2025). Making Our Social Media Debut. https://archive.starbucks.com/record/making-our-social-media-debut

08
AI 생태계의 조성과 대응

오픈AI는 완벽하지 않아도 사람들에게 놀라운 경험을 줄 수 있다고 판단한 타이밍에 챗지피티를 출시하고, API, 플러그인 등으로 외부 참여를 이끌어 AI 생태계를 조성했다. 마이크로소프트와 아마존웹서비스는 기존 고객 기반을 활용해 AI 생태계에 대응하고 있다. 이러한 과정은 급변하는 AI 시대에 기업들이 완벽한 기술을 추구하기보다 혁신의 기회를 포착하고, 파트너십과 고객 기반을 통해 새로운 생태계에 적응하고 성장하려는 접근이 필요함을 보여 준다.

AI와 한의학?

대규모 언어 모델을 기반으로 만들어진 챗지피티는 등장하자마자 사람들에게 놀라운 경험을 안겨 주었다. 그 전부터도 머신러닝 등의 AI 기술이 세상을 변화시키고 있었지만 대규모 언어 모델의 잠재력은 전문가들의 예상을 뛰어넘는 것이었다.

오픈AI에 이어 글로벌 빅 테크와 AI 스타트업 들이 대규모 언어 모델을 경쟁적으로 출시했고 한국에서도 네이버, LG가 독자적인 모델을 선보였다. 대규모 언어 모델은 대화형 고객 서비스, 콘텐츠 제작, 소프트웨어 개발, 고객 피드백 분석, 교육, 사기 탐지, 신약 개발 등과 같이 다양하게 적용 범위를 넓혀 가며 일상과 기업 현장을 변혁시키는 게임 체인저(Game Changer)가 되고 있다.

AI를 둘러싼 생태계는 계속 재편되는 중이다. AI 반도체와 같은 하드웨어, 클라우드 기반 AI 운영 인프라, 지피티와 같은 AI 모델, 그리고 대화형 고객 서비스와 같은 AI 애플리케이션 서비스 등 각 영역에서, 또 이들 영역 간에서도 기존 업체와 신규 업체가 때로는 경쟁, 때로는 협력하며 역동적인 변화를 만들어 내고 있다. 일반 기업은 특히 AI 애플리케이션 서비스 영역에서 새로운 변화 앞에 놓여 있다. 인터넷, 모바일 시대가 가져온 변화를 생각하면 유사한 양상이 전개될 가능성이 크다. 예를 들어 온라인 서점 등장 후 기존 서점들은 옴니채널을 강화하거나 독립 서점으로 차별화했다. 온라인 은행 등장 후 시중 은행들은 지점 축소 속도를 높였다. 플랫폼 기업 카카오는 교통, 금융, 커머스 등으로 사업 영역을 확장해 기존 업체와의 관계를 재설정했다.

대규모 언어 모델을 업은 AI의 가능성은 아직 모두 밝혀지지 않았다. 인터넷, 모바일과 AI가 결합된 시대에 경쟁 양상은 더욱 치열해지고 적군과 아군을 식별하기가 갈수록 어려워질 것으로 보인다. 기업들은 현재의 산업 내에서 또는 다른 산업에 걸쳐서 다양한 모습의 생태계가 조성될 때 어떻게 대처해야 하는지 혼란스러울 수 있다. 이러한 관점에서 오픈AI가 등장해 새로운 AI 생태계가 조성되던 과정을 살펴보면 각 기업이 어떤 준비와 대응을 해야 하는지 시사점을 얻을 수 있다.

AI 생태계 시작의 타이밍

2022년 챗지피티가 출시되기 전부터 대규모 언어 모델은 기대를 받아 왔다. 구글은 이미 대규모 언어 모델에 기반한 챗봇을 개발했지만 대중에게 공개를 미뤘다. 챗봇이 잘못된 답변을 하기 때문이었다. 검색 시장에서 절대 강자인 구글로서는 서두를 이유가 없었다. 2021년에 메타가 공개한 AI 챗봇이 형편없다고 몰매를 맞았던 사건의 영향도 있었을 것이다. 이처럼 기술적으로 상당한 준비가 되었음에도 신뢰, 윤리 등 비기술적인 이유로 인해 생성형 AI 생태계의 시작이 지연되고 있었다.

한편 기존의 AI 기술을 적용한 서비스는 더 나은 경험을 신속하게 만들어 내기에는 한계를 보이고 있었다. 규칙과 시나리오 기반으로 개발된 온라인 챗봇이나 전화 상담봇은 일정 범위 외의 답변을 제공하지 못했다. 대다수의 기업은 AI 서비스를 만드는 데에 드는 비용, 시간, 노력을 감당하기 어려웠다. 그러나 사실 이러한 상황을 타개할 만한 AI 기술은 이미 개발되어 실험되고 있었던 것이다. 구글이 출시를 머뭇거린 반면에 오픈AI는 과감한 선택을 했다. 챗지피티를 출시하기 전에 오답 케이스를 줄이기 위한 튜닝 작업에 집중했고 완벽하지는 않아도 사람들에게 깜짝 놀랄 경험을 선사할 수 있다고 판단해 챗지피티를 출시했다. 이 결정으로 오픈AI는 생성형 AI의 선두 주자가 되었다.

새로운 생태계의 탄생은 고객의 수용이 언제 시작되느냐에 달려 있다. 오픈AI의 최고경영자 샘 올트먼(Sam Altman)은 이 타이밍을 잘 잡아냈다. 메타는 서두르는 바람에 고객들에게 수용받지 못했고 구글은 타이밍을

망설이다가 시장을 선점하지 못했다. 기존 기술이 더 나은 가치를 창출할 만큼 개선될 여지가 없다면 새로운 생태계가 촉발될 임계점은 가까워진다. 비기술적인 문제 중에서 치명적인 부분을 완화하면 사람들의 수용도는 높아진다(Adner, 2021).

AI 생태계 파트너 구축

최초로 제품, 서비스를 출시하고도 선두 주자의 이점을 누리지 못한 사례가 많다. 한 예로, 노키아는 애플보다 먼저 스마트폰을 출시했다. 기술적인 성능은 괜찮았지만 사용자들이 자주 사용할 킬러 앱이 부족했다. 오비(Ovi) 스토어를 열었지만 개발자들의 호응을 얻지 못했기 때문이다. 다른 이유들도 겹쳐 노키아 스마트폰은 시장에 안착하지 못하고 역사 속으로 사라졌다. 생태계를 조성하기 위해서는 초기 사용자의 반응을 얻어 파트너를 유인할 수 있어야 하고 참여자들의 역할을 조율하고 연대해 생태계를 발전시켜야 한다.

오픈AI는 검색 서비스를 선보인 후에 곧이어 애플리케이션 프로그래밍 인터페이스(API, Application Programming Interface)를 제공해 외부 개발자가 확장 서비스를 개발할 수 있게 했다. 또한 오픈AI는 챗지피티에서 다른 애플리케이션 서비스를 불러오는 '챗지피티 플러그인'을 2023년 3월 출시했다(OpenAI, 2023). 예를 들어, 여행 관련한 검색을 하다가 여행업체 익스피디아의 서비스를 불러와 항공편 예약을 하는 방식이다. 2023년 11월에는 개발자가 맞춤 지피티를 개발해 서비스할 수 있는 '지피티 스토어'를 열었고(OpenAI, 2024), 논문 검색 지피티, 로고 제작 지피티와 같이 특화된 서비스가 인기를 끌고 있다. 오픈AI는 2025년 1월에 '오퍼레이터'를 선보였다(OpenAI, 2025). AI와 채팅하는 중에 원하는 제품 구입을 요청하면 AI가 이커머스 업체의 홈페이지에 직접 접속해서 사람처럼 구매 업무를 수행한다. 이커머스 외에도 배달, 여행, 차량 공유 등에서 서비스 이용이 가능하고 이는 생활 서비스 전반으로 확장될 전망이다.

오픈AI가 생태계를 조성한 과정을 돌아보면, 누구나 매일 하는 검색 활동에 '와우!' 포인트를 심어 얼리어답터(early adopter)들의 호응을 얻어 냈고, 이를 통해 새로운 생태계의 리더로서 자리매김할 자격을 입증했다. 또한 개발자, 외부 업체에게 서로 이익이 되는 비즈니스 모델을 제공해 그들을 새로운 생태계로 끌어들였다. 제품/서비스 출시 초기에 사용자에게 증명을 받고 이를 계기로 파트너를 불러 모으면 그때부터 새로운 생태계의 여정이 시작된다.

고객 기반을 통한 생태계 방어

오픈AI에 큰 투자를 해 온 마이크로소프트는 오피스 제품군에 오픈AI의 대규모 언어 모델을 결합한 'MS 365 코파일럿(Copilot)'을 2023년 11월에 내놓았다(Microsoft, 2023). 오피스 사용자가 AI와 채팅하며 원하는 작업을 지시하는 방식이다. 마이크로소프트는 대규모 언어 모델을 직접 개발하는 데는 늦었지만 오픈AI과 협력해 대규모 언어 모델을 그들의 오피스 제품에 빠르게 적용했고 그 결과 기존 오피스 제품 고객을 새로운 AI 생태계로 유도할 수 있었다. 마이크로소프트가 클라우드 강자로 성장한 비결도 유사하다. PC의 오피스 제품에 친숙한 사용자들이 클라우드 기반의 '오피스 365' 서비스 고객이 되면서 클라우드 사업의 물꼬가 텄다.

전 세계 클라우드 시장 1위 업체인 아마존웹서비스는 2024년 12월에 AI 모델 전용 마켓인 '아마존 베드록(Bedrock) 마켓플레이스'를 선보였다(AWS, 2024). 자사 AI 모델을 포함해 다양한 분야에 특화된 다른 업체의 AI 모델 100여 개를 마켓에서 제공한다. AI 모델 사용자들은 각자의 상황에 맞는 모델을 골라 쓸 수 있고, 아마존웹서비스 마켓에 입점한 파트너 업체들은 그들의 AI 모델을 선택한 사용자를 새로운 고객으로 확보할 수 있다. 아마존웹서비스 입장에서는 자사의 클라우드 고객들이 원하는 AI 모델을 이용하려 다른 클라우드로 옮겨갈 위험을 막을 수 있다.

오픈AI가 생성형 AI의 선두 주자로 부각되는 가운데 마이크로소프트, 아마존웹서비스는 기존 제품의 경쟁력 또는 파트너 연합으로 AI 생태계에서도 그들의 고객 기반을 단단히 묶었다는 것을 알 수 있다. 생태계에서 공격수와 수비수는 언제든 바뀔 수 있고 파트너 연합도 언제든 재구성될 수 있지만, 중요한 것은 어떻게 우리 기업의 고객 기반을 AI 시대에도 이탈 없이 유지하고 확대해 나갈 수 있느냐다.

참고문헌

Adner, R.(2021). *Winning the right game.* MIT Press. 박선령 옮김(2022). 『올바르게 승리하라』. 로크미디어.

AWS(2024). Amazon Bedrock Marketplace. https://aws.amazon.com/bedrock/marketplace/?nc1=h_ls

Microsoft(2023.11.15). Introducing Microsoft Copilot Studio and new features in Copilot for Microsoft 365.

https://www.microsoft.com/en-us/microsoft-365/blog/2023/11/15/introducing-microsoft-copilot-studio-and-new-features-in-copilot-for-microsoft-365/

OpenAI(2023.3.23). ChatGPT plugins.
https://openai.com/index/chatgpt-plugins/

OpenAI(2024.1.10). Introducing the GPT Store.
https://openai.com/index/introducing-the-gpt-store/

OpenAI(2025.1.23). Introducing Operator.
https://openai.com/index/introducing-operator/

09
AI와 경계 없는 게임

AI가 산업 간 경계를 허무는 상황에서 기업들은 위협을 감지하고 대응하기 위한 방법이 필요하다. 론 애드너 교수는 기업들이 고객의 입장에서 가치 요소를 식별하고 각 가치 요소별로 기술 등의 변화 요인이 미치는 잠재적 영향을 면밀히 관찰해야 함을 강조한다.
기업들은 코닥의 실패 사례와 보험 산업의 변화 사례를 자사의 상황에 대입해 볼 수 있다. 또한 위협을 감지한 후에는 새로운 영역으로 진출하거나 다른 산업과 협력하는 등 적극적으로 대응 방안을 모색해야 한다.

AI와 화장품?

AI 개발업체인 구글 딥마인드의 최고경영자와 선임 연구원이 단백질 구조를 예측하는 AI 모델 알파폴드(AlphaFold)를 개발한 공로로 2024년 노벨화학상을 받았다. 알파폴드는 신약 개발의 새로운 장을 열었다는 평가를 받는다. 노벨물리학상은 딥러닝 탄생에 기여한 AI의 대부들에게 돌아갔다. AI 연구자들이 노벨물리학상과 노벨화학상을 받은 사실이 의아할 수는 있지만, AI는 컴퓨터과학에서 시작해 신경과학, 물리학과 연결되어 발전했고 그렇게 구현된 기술이 의료, 생물학, 금융 등 다양한 학문 분야에 영향을 미치고 있다.

이러한 AI의 융합적 특성과 확장성은 산업 분야에서 게임의 판을 바꾸고 있다. 빅데이터 분석 업체 팔란티어의 AI 소프트웨어가 장착된 드론은 전파 방해를 받을 위험이 있는 위성항법시스템(GPS) 없이, 지형 데이터를 실시간으로 수집하고 분석하며 수백 킬로미터가 떨어진 러시아 내륙까지 날아가 목표물을 정밀 타격했다. 이 드론은 우크라이나-러시아 전쟁에서 수억 원의 미사일, 수백억 원의 전투기도 하기 어려운 임무를 수행한다. 주식 시장이 곧 반응했고, 2024년 11월에 팔란티어의 시가총액은 전 세계 방산업체 매출 1위 록히드 마틴의 시가총액을 넘어섰다(BENZINGA, 2024).

테슬라가 처음 전기차를 내놓았을 때 경쟁사들은 다른 종류의 자동차 정도로 인식했다. 하지만 테슬라가 차량 소프트웨어를 원격으로 업그레이드하고 운행 데이터를 수집하는 걸 보고 경쟁사들은 테슬라가 다른 게임을 하고 있다는 걸 깨달았다. 한 예로 테슬라는 2019년에 보험회사를 설립했다. 운전자의 운전 습관과 차량 상태를 분석해 보험 상품을 설계하고 보험료를 산출하니 경쟁력이 높을 수밖에 없다.

팔란티어와 테슬라 사례에서 보듯이 AI는 기존 산업의 경제적 해자를 낮추고 다른 산업으로의 진입을 촉진한다. 인터넷, 모바일 시대의 도래로 호텔업체와 숙박공유 업체가 충돌하고 커뮤니티 업체가 커머스 사업으로 진출한 것 같은 현상이 생성형 AI의 시대에 가속화되고 있다. 챗지피티 등장 이후에 온라인 교육 업체 체그(Chegg)의 고객 수와 주가가 급락한 사례는 이러한 변화의 예고편이다(The Wall Street Journal, 2023). 기업들은 생태계 변화에 따른 위협을 어떻게 감지하고 어떻게 대응할 수 있을까?

생태계 위협의 감지

기업들은 고객이 달성하려는 일, 해결하려는 문제를 파

악해 제품과 서비스를 개발하고 고객에게 전달한다. 이를 '가치 제안(Value Proposition)'이라고 한다. 가치 제안은 고객의 니즈에서 출발하는 것임에도 불구하고 통상 기존 산업의 틀 안에서 이루어지는 경향이 있다. 「은행법」과 같은 산업별 규제, 고객 범위에 대한 관행적 인식, 기술력 한계, 고착된 프로세스 등이 그 원인이다.

다트머스대학교 론 애드너 교수는 산업의 경계를 넘어 생태계 세상을 바라보는 새로운 렌즈를 제시한다. 먼저 가치 제안에 담긴 '가치 요소'들을 명확하게 인지하는 게 첫 단계다. 가치 제안은 포괄적으로 표현되는 경향이 있어서 분석을 위해서는 단위 요소로 분해해야 한다. 이 단위 요소는 고객 입장에서 기꺼이 돈을 지불할 만한 쓰임새, 활동을 의미한다. 그다음에, 각 가치 요소들 간의 선후 영향 관계에 따라 서로를 연결해 놓고 각 가치 요소마다 어떤 변화가 있을지, 가치 요소 간에 어떤 영향을 주고받을지를 면밀히 살피면 시야를 넓혀 변화를 감지할 수 있다는 것이다(Adner, 2021). 애드너 교수가 분석한 코닥의 예를 보자.

코닥은 디지털카메라를 최초로 발명하고도 디지털의 물결을 등한시해 실패했다고 알려져 있다. 디지털카메라에 대한 의사결정이 지지부진했던 것은 사실이지만 코닥은 2000년에 디지털 시장에 전력을 쏟겠다고 표명했고 디지털 인쇄 분야에 자원을 집중해 시장을 장악했다. 코닥은 사람들이 디지털카메라로 사진을 많이 찍으니 인쇄도 많이 할 것이라고 판단했다. 스마트폰도 디지털 사진 인쇄가 증가하는 데에 큰 도움이 되었다. 하지만 오래지 않아 스마트폰이 디지털 인쇄 시장 자체를 붕괴시켰고 디지털 인쇄 사업에 의존하던 코닥은 무너졌다.

코닥의 디지털 인쇄 사업이 가진 가치 제안은 '이미지를 통해 추억을 되살리고 사람들과 공유한다'이다. 여기에서 가치 요소를 뽑아 보면, 사람들은 디지털카메라로 이미지를 '촬영'한 후 '인쇄'해 '감상'하고 '공유'를 위해 추가로 '인쇄'한다. 변화는 '촬영'에서 먼저 일어났다. 스마트폰 카메라 화질이 개선되어 사람들은 점점 더 스마트폰으로 이미지를 '촬영'했고 스마트폰 화면이 점점 커져 '인쇄'하지 않고도 스마트폰으로 '감상'하게 되었다. 그리고 소셜미디어가 발달해 '인쇄' 없이 '공유'가 가능해졌다. '인쇄'라는 가치 요소 자체가 사라져 버린 것이다. 코닥이 가치 요소들을 명확하게 인식하고 무슨 일이 벌어지고 있는지를 살폈다면, '촬영' 요소에서 스마트폰이 기술 발전을 거듭하는 동안 다른 가치 요소에 미칠 영향을 인지할 수 있었을 것이다.

생명보험 산업의 사례

보험 산업은 상품의 복잡성, 장기적 주기, 강한 규제 등으로 인해 진입 장벽이 높고 보수적인 편이다. 그러나 AI, 빅데이터 등의 기술이 보험 산업에 변화를 일으키고 있다. 이러한 변화를 가치 요소의 렌즈로 살펴보는 것은 다른 전통적인 산업들에도 유용한 시사점을 줄 수 있다.

생명보험회사들의 경우 홈페이지에 올린 미션, 비전문에 '안전', '건강', '더 나은 삶'과 같은 키워드가 공통적으로 담겨 있다. 생명보험에 가입하는 1차적인 목적은 질병으로 아플 때 경제적 어려움을 해소하는 것이지만, 고객들의 근본적인 욕구는 평소에 아프지 않고 아픈 후에도 다시 일상의 삶으로 돌아오는 것이다. 이러한 맥락에서 가치 요소를 뽑아서 정리해 보면, 고객들은 일상에서 '건강을 증진'하고, '질병 예측'을 통해 자신에게 맞춰진 '보장 설계'에 보험료를 내고, 아플 때 '치료 지원'을 받고, 치료 후에도 '사후 케어'를 받아 일상생활을 유지하고자 한다.

각각의 가치 요소에는 다양한 산업의 업체들이 포진해 있다. 헬스케어 업체는 고객의 '건강 증진'과 '사후 케어'에서, 의료 스타트업은 '질병 예측'에서, 인슈어테크 스타트업은 '보장 설계'와 '치료 지원'에서 보험회사와 직간접적으로 관계를 맺고 있다. 이러한 구도에서 변화의 관건은 의료, 보건 데이터에 있다. 2025년 2월 기준 개인의 의료, 보건 데이터를 삼자에게 제공하기 어렵지만 점차 규제가 풀리는 추세다(개인정보보호위원회, 2024). 의료, 보건 데이터와 AI의 잠재력을 잘 활용하는 참여자는 특정 가치 요소에서 또는 가치 요소들을 넘나들며 보험회사와 기존 강자를 위협할지 모른다. 또한 경쟁과 협력의 모습은 새롭게 재편될 것이다. 이는 핀테크 생태계가 변화해 온 모습에서 짐작해 볼 수 있다. 오픈뱅킹, 마이데이터 제도로 인해 개인의 금융 데이터를 삼자에게 제공할 수 있게 된 가운데, 간편 송금 스타트업에서 출발한 토스는 미꾸라지에서 전통적인 금융회사들을 흔드는 메기로 성장했고 금융은 네이버 등의 생활 플랫폼 속으로 녹아들었다.

외부 위협에 대한 기업의 대응

코닥의 디지털 인쇄 사업 사례로 다시 돌아가 보자. 코닥이 각각의 가치 요소를 식별해 그들 간의 관계를 이해한 상태에서 스마트폰이 '촬영'을 대체하는 걸 목격하고, 이후에 스마트폰이 '감상'과 '공유'에까지 미칠 영향을 의심해 봤다면 디지털 인쇄 사업만을 고집하지는 않았을지 모른다. 코닥은 특허를 가진 이미지 센서 기술로 스마트폰 업체와 협력하고 자동차, 보안, 의료 업계로 진출할 수도 있었을 것이다. 실제로 소니는 전자 제품 시장에서 과거의 명성을 잃었지만 이미지 센서 분야를 전문화해 전 세계 시장 점유율 1위를 달성하고 있다. 코닥과 같이 스마트폰의 직접적인 영향을 받았던 후지필름은 필름 제조로 축적된 화학 기술을 활용해 의약품 위탁 생산 분야로 진출해 재도약했다.

스마트폰이 가져온 변화만큼이나 또는 그 이상으로 AI는 세상을 바꿀 잠재력을 가지고 있다. 기업들은 자칫 산업의 범위, 제품의 범위에 갇혀 밖으로부터 오는 AI의 위협을 제대로 알아보지 못할 위험이 있다. 다시 고객의 입장으로 돌아가 고객이 돈을 지불한 만한 쓰임새나 활동인 가치 요소를 중심으로 우리 기업을 들여다보자. 각 가치 요소에 AI가 어떤 영향을 주는지, 각 가치 요소에서 도움을 주고 있는 업체나 AI 서비스가 잠재적 경쟁자가 될 수 있는지, 그렇다면 우리 기업에는 어떤 전략적 선택지가 있는지 면밀히 따져 보아야 한다.

참고문헌

개인정보보호위원회(2024.6.26). “전 분야 마이데이터, 혁신기업에 새로운 기회가 될 것".
https://www.pipc.go.kr/np/cop/bbs/selectBoardArticle.do?bbsId=BS074&mCode=C020010000&nttId=10288

Adner, R.(2021). *Winning the right game*. MIT Press. 박선령 옮김(2022). 『올바르게 승리하라』. 로크미디어.

BENZINGA(2024.11.11). Palantir Overtakes Lockheed Martin In Market Cap, How Does The 'Messi Of AI' Stack Up Against The Traditional Defense Player.
https://www.benzinga.com/markets/equities/24/11/41891026/palantir-overtakes-lockheed-martin-in-market-cap-how-does-the-messi-of-ai-stack-up-against-the-traditional-defense-player

The Wall Street Journal(2023.5.9). ChatGPT Is Causing a Stock-Market Ruckus.
https://www.wsj.com/articles/chatgpt-is-causing-a-stock-market-ruckus-4b7cc008

10
보험회사의 AI 혁신 사례

대표적인 기업 경쟁력 분석 모델인 마이클 포터의 다이아몬드 모델로 라이나생명의 AI 혁신 사례를 분석했다. 라이나생명은 텔레마케팅의 한계를 극복하고자 AI 기반 혁신을 선언하고 복합 조직을 구성했다. 보험 청약부터 보험금 지급까지 전 프로세스에 AI를 적용하고 음성 데이터를 활용했으며, 고객 이해 프로그램을 통해 다양한 고객 중심 서비스를 개발했다. 또한 인슈어테크 기업들과 협력하고 헬스케어 시장으로 확장하며 보험 산업의 새로운 방향을 모색했다.

종교와 AI?

AI는 금융, 의료, 유통, 제조, 엔터테인먼트 등 산업 전반을 흔들었다. 2016년 바둑 AI 알파고가 준 충격이 본격적인 출발점이다. AI를 기반으로 많은 스타트업이 등장했고 전통 산업의 기업들은 시행착오와 성공 사례 사이를 오갔다. 2022년 말에 등장한 생성형 AI는 다시 한번 큰 충격을 던졌다. 인간처럼 알아듣고 무엇에든 답하는 AI는 다른 차원의 가능성을 의미했다. 그 후로도 생성형 AI 기술은 발전을 거듭하고 있어 기업들은 기술의 위력에 압도당하고 있다.

이런 때일수록 기업들은 기술 자체보다 기술을 기업 전체의 경쟁력으로 치환하는 관점으로 접근해야 한다. 예를 들어 기술이 있어도 기업의 방향성이 모호하다면, 데이터가 없다면, 고객에게 더 나은 경험을 주지 못한다면 의미 있는 변화를 만들 수 없기 때문이다. 기존에도 기술을 도입하는 데에 머물지 않고 기술을 비즈니스 혁신의 기회로 삼은 기업들이 괄목할 성과를 만들어 냈다는 점을 기억해야 한다.

글로벌 보험회사 처브의 한국 법인 라이나생명은 AI 기술을 활용해 기업 체질을 변화시킨 하나의 사례다(이용수 · 임효숙, 2024). 금융과 보험은 금전을 데이터 형태로 다루므로 AI를 적용하기에 적합하고 다양한 케이스를 보여 줄 수 있어 참조 사례로서 유용하다. 또한 라이나생명 사례를 기업 경쟁력 시각에서 분석하기 위해 하버드 경영대학원 마이클 포터 교수의 '다이아몬드 모델'을 활용했다. 다이아몬드 모델은 기업 경쟁력을 평가하는 대표적인 모델로서 경영 여건(기업 전략, 기업 구조, 경쟁 상황), 생산 조건(내부 자원, 역량), 수요 조건(고객 니즈, 고객 요구 수준), 관련 산업(소속 산업 및 주변 산업 영향)이라는 네 가지 축으로 이루어져 전체적인 큰 그림을 보여 준다(Porter, 1990). 라이나생명 사례를 통해 우리 기업에 대한 시사점을 찾아보자.

경영 여건

2017년 어느 날 라이나생명 최고경영자는 '지금의 텔레마케팅 방식으로는 앞으로 5년을 버티지 못한다'고 일갈했다. 라이나생명은 텔레마케팅에 특화해 자산 규모는 작음에도 불구하고 업계 5~6위의 당기순이익을 달성해 왔다. 그러나 고객들의 전화 피로감은 매우 높아진 상태였다. 고객 입장에서 보면 전화가 자주 오고 일방적으로 신상품 설명만 듣는다. 고객들은 점차 전화를 안 받거나 받아도 금방 끊었다.

라이나생명은 AI를 비즈니스 모델을 혁신하는 절호의

기회로 보았다. 무작위로 전화하고 신상품을 소개하는 강요(Push) 방식에서 고객을 잘 이해하고 맞춤 상담과 경험을 제공해 고객이 다시 찾아오는(Pull) 방식으로의 전환을 선언했다. 이러한 혁신의 방향과 당위성을 글로벌 본사에 제시하고 설득해 투자를 이끌어 냈다.

라이나생명은 특히 AI 영업 혁신을 추진하면서 비즈니스와 기술을 아우르는 복합 조직을 구성했다. 텔레마케팅 담당 임원과 IT 담당 임원을 공동 책임자로 발령했고 보험 업무 전문가, 텔레마케터 출신 영업 기획자, 콘텐츠 제작자, 데이터 과학자, IT 엔지니어를 하나의 조직 안에 두었다. 임시 프로젝트 조직이 아니라 시스템 구축 후의 성과 실현까지 책임지는 상설 조직이었다. 이러한 조직 구성을 통해 기술에 치우치거나 책임이 분산될 위험을 막고 시너지를 낼 수 있었다.

생산 조건

라이나생명은 보험 청약, 인수 심사, 보험금 지급에 이르는 프로세스 전반에 AI를 적용했다. 프로세스 순서대로 따라가 보면 다음과 같다. 영업 기획 팀은 AI로 잠재 고객의 청약 가능성을 예측해 전화 대상자를 선정한다. 텔레마케터는 AI 영업 비서를 활용해 청약률을 높인다. 통화 품질 모니터링 팀은 AI로 통화 녹음을 분석해 고객에게 잘못 안내된 내용을 찾아낸다. 보험 인수 심사 팀은 AI로 인수 위험을 측정한다. 보험 사기 조사 팀은 AI로 사기 유의자를 선정해 추가 조사한다. 보험금 지급 팀은 AI를 이용해 각종 서류를 판독하고 보험금 지급 여부를 판단한다.

AI를 적용한 효과를 극대화하기 위해서는 AI가 맡는 단위 작업만이 아니라 그 전후의 프로세스를 재설계해야 한다. 통화 품질 모니터링 팀의 경우, AI가 통화 녹음에서 잘못 안내된 사항을 빠르게 찾아내지만 사실 베테랑 외주 직원들도 녹음을 두 배속 이상으로 들으니 생산성 효과에서 큰 차이가 나지 않았다. AI에 투자하고 유지하는 비용과 외주 비용을 비교하면 AI 도입 이유가 무색해질 수 있었다. 통화 품질 모니터링 팀은 기존의 프로세스에서 불필요한 작업들을 제거하고 외주 직원들의 화면 사용 과정을 간소화했다. 그러자 단위 통화당 처리 시간이 대폭 줄었고 더 많은 통화 녹음을 검수할 수 있게 되었다. 결국 더 많은 고객을 보호하는 효과가 나타났다.

라이나생명은 음성 인식 기술, 텍스트 분석 기술의 발전을 목격하며 음성 데이터를 활용해 텔레마케팅 전략을 바꿀 수 있다고 확신했다. 고객 통화 녹음에는 고객의 건강 상태, 가족 관계, 니즈, 불만 등 다양한 속성의 고객 정보가 담겨 있었지만 분석할 수 없으니 무용지물에 가까웠던 것이다. 라이나생명은 음성 데이터 처리 인프라를 구축하고 다양한 목적에 활용했다. 예를 들어 영업 중에는 고객이 말한 내용에서 핵심 단어를 인식해 맞춤 콘텐츠를 연결하고, 영업 후에는 통화 내용을 요약해 다음 상담에 참조하고, 청약률이 높은 텔레마케터의 대화 패턴을 분석해 영업 현장에 공유했다. 데이터는 AI의 재료라는 점에서 어느 기업이나 자사의 핵심 데이터를 인식하고 AI에 활용하는 기반을 갖추어야 할 것이다.

수요 조건

텔레마케팅에서는 영업 전화 대상자를 데이터베이스라고 부른다. 보험 계약이 완료된 다음에는 콜센터로 들어오는 문의를 받고 정기적으로 보험 계약 내용을 안내하는 활동 외에는 고객과의 접점이 거의 없다. 고객을 동반자라기보다 매출 원천으로 보는 시각이 강한 것이 사실이었다. 고객에 대한 설문 조사가 간헐적으로 이루어지긴 했지만 보험금 청구와 같은 주제에 한정되었다.

라이나생명은 고객이 다시 찾아오는 회사로 바뀌기 위해 고객을 제대로 이해하려는 여정을 시작했다. 팀장

이상의 모든 리더가 직접 '고객 이해 프로그램'을 약 8개월에 걸쳐 수행했다. 텔레마케터 영업 체험, 고객 설문지 개발, 온라인 설문 조사, 전화 인터뷰를 통해 보험 가입에서 해지까지 고객이 겪는 심리, 니즈, 불만 사항 등을 취합하고 시사점을 도출해 개선 계획을 수립했다.

이와 같은 활동은 다양한 고객 중심 서비스 개발로 이어졌다. 대표적인 예가 AI 영업 비서다. 텔레마케팅 분야 최초로 도입한 보장 분석 서비스를 통해 텔레마케터들은 고객이 보유한 모든 보험 계약을 보장—암, 치매, 입원 등—단위로 묶어서 고객에게 필요한 보장이 무엇인지 바로 확인하고 상담할 수 있게 되어 신상품만 강요하던 방식에서 벗어날 수 있었다. 또한 고객 음성 중에서 핵심 단어와 관련된 콘텐츠가 자동 추천되고 잘못 안내한 내용은 실시간으로 화면에 표시되어 고객 중심으로 대화를 이어 갈 수 있었다. 이외에도 라이나생명은 보이는 보험 가입 서비스(고객이 전화 상담과 화면 조회를 병행해 보험에 가입하는 서비스), 영업 상담 시간 예약 서비스, 동영상 청약 확인 서비스, 정기 보장 분석 안내 서비스, 시기별 관심 콘텐츠 제공 서비스 등을 통해 고객이 항상 라이나생명과 연결되어 있고 보호받고 있다고 느끼도록 했다.

관련 산업

AI, 빅데이터, 사물인터넷 등 기술의 발달은 보험 업계에서 인슈어테크 혁신을 촉발했다. 기술 기반의 스타트업들이 보장 분석, 간편 청구, 보험 비교/추천 등의 서비스를 독립적으로 출시하거나 보험회사들과 협력하는 형태로 시장에 진입했다. 라이나생명은 이러한 스타트업들과 발 빠르게 손을 잡았다. 예를 들어, 보장 분석 서비스는 모든 보험회사의 상품 약관을 규칙 기반으로 정리하고 계속 업데이트해야 하므로 단일한 보험회사가 개발하기에는 어려움이 있다. 간편 청구의 경우에도 수많은 병원, 의원과의 네트워크 연결이 필요하므로 중간 허브 역할을 해 주는 업체를 활용하는 것이 유용하다.

한편 보험 산업에서 주목할 점은 헬스케어 시장으로 확장되고 있다는 것이다. 보험은 고객이 미래 시점에 질병이나 사고로 아플 때 경제적 어려움을 해소하도록 돕는 산업이다. 그러나 고객 입장에서는 평소에 건강하고 아픈 후에도 다시 정상적인 생활로 돌아오는 것이 더 본질적인 욕구다. 빠른 고령화는 건강에 대한 니즈를 부각하고 있고 이미 90% 후반대인 한국의 보험 가입률은 보험회사에게 새로운 성장 동력을 요구하는 상황이다. 라이나생명은 이런 추세에 적극적으로 대응했다. 헬스케어 비전을 수립하고 첫 단계로 건강 관리 앱을 출시했다. AI로 얼굴을 인식/분석해 건강 상태를 진단하고 설문 기반의 건강 점수를 산출한 후에 이를 바탕으로 목표를 설정하고 운동 지도를 받을 수 있게 했다.

기업들은 외부 환경의 변화에 항상 귀를 열고 위협과 기회를 감지해야 한다. 기술 발전, 인구 통계 추이, 소비 트렌드, 관련 업체의 움직임 등에 기민하게 대응하여 필요 자원을 확보하려는 노력이 요구된다.

참고문헌

이용수·임효숙(2024). 인슈어테크를 활용한 전통적 보험회사의 혁신 전략 : 라이나생명 사례를 중심으로. ≪지능정보연구≫, 30(2), 287-312.

Porter, M.(1990). The Competitive Advantage of Nations. *Harvard Business Review*, March-April 1990. https://hbr.org/1990/03/the-competitive-advantage-of-nations

이용수

IGM세계경영연구원 교수로 재직 중이고 산업정책연구원 연구교수다. 고려대학교 경영학과를 졸업했고 동 대학교에서 경영과학·MIS 석사 학위를, 서울과학종합대학원대학교에서 경영학(AI·전략경영) 박사 학위를 받았다. 글로벌 보험회사 처브의 한국법인인 라이나생명에서 전략, IT, 운영 담당 임원으로 재직하는 동안 AI 영업 비서를 도입했고, 서류 없는 보험금 청구 구현, RPA 기반 업무 자동화를 이끌었다. 이전에는 PwC컨설팅에서 금융, 공공 분야에 경영성과관리, ERP(전사적 자원관리), IFRS(국제회계기준), IT 전략 컨설팅을 수행했고 NH투자증권(구 LG증권)에서 소프트웨어 개발자로 커리어를 시작했다. 주요 논문으로 "Trends in InsurTech Development in Korea: A News Media Analysis of Key Technologies, Players, and Solutions"(2025), "인슈어테크를 활용한 전통적 보험회사의 혁신 전략: 라이나생명 사례를 중심으로"(2024)가 있다.